Joscha Döpp

Von Babyn Jar nach Darmstadt

Der SS-Sonderkommandoführer Kuno Callsen vor Gericht

KLEINE REIHE ZUR GESCHICHTE UND WIRKUNG DES HOLOCAUST

Herausgegeben von Sybille Steinbacher im Auftrag des Fritz Bauer Instituts

Band 5

Joscha Döpp

Von Babyn Jar nach Darmstadt

Der SS-Sonderkommandoführer Kuno Callsen vor Gericht

WALLSTEIN VERLAG

Bibliografische Information der Deutschen Nationalbibliothek
Die Deutsche Nationalbibliothek verzeichnet diese Publikation in der Deutschen Nationalbibliografie; detaillierte bibliografische Daten sind im Internet über http://dnb.d-nb.de abrufbar.

Zweite Auflage 2025
Wallstein Verlag, Göttingen 2024
Wallstein Verlag GmbH
Geiststr. 5, 37073 Göttingen
www.wallstein-verlag.de
info@wallstein-verlag.de
Vom Verlag gesetzt aus der Adobe Garamond und der Meta pro
Umschlaggestaltung: Susanne Gerhards, Düsseldorf
Umschlagabbildung: Titelblatt einer Ermittlungsakte der Staatsanwaltschaft im Prozess gegen Kuno Callsen beim Landgericht Darmstadt (1965-1968), Quelle: Hessisches Staatsarchiv Darmstadt, H13 Darmstadt, Nr. 1291/10.
Lektorat im Fritz Bauer Institut: Dr. Andrea Kirchner
Druck und Verarbeitung: bookSolutions Vertriebs GmbH, Göttingen
Gedruckt auf säure- und chlorfreiem, alterungsbeständigem Papier

ISBN 978-3-8353-5718-1

Inhalt

1 EINLEITUNG 7

2 DER MORD AN DER JÜDISCHEN BEVÖLKERUNG IN DER UKRAINE 1941/42 21

Die jüdische Bevölkerung am Vorabend des deutschen Überfalls auf die Sowjetunion (21) Die Einsatzgruppen der Sicherheitspolizei und des SD (24) Das Sonderkommando 4a der Einsatzgruppe C (31)

3 DIE JUSTIZ DER ALLIIERTEN UND DAS SONDERKOMMANDO 4A 43

Die Bestrafung der Hauptkriegsverbrecher (43) Paul Blobel und der Nürnberger Einsatzgruppenprozess 1947/48 (45) Kuno Callsen vor der Spruchkammer Darmstadt-Lager 1947/48 (51)

4 DIE ZENTRALE STELLE IN LUDWIGSBURG UND IHRE VORERMITTLUNGEN ZUM SONDERKOMMANDO 4A (1960-1964). 59

Zur Gründung der Zentralen Stelle (1958) (59) Der Auftakt der Ermittlungen gegen Kuno Callsen und das Sonderkommando 4a (63) Der Schlussbericht der Zentralen Stelle (1964) (70)

5 DIE ERMITTLUNGEN DER STAATSANWALTSCHAFT DARMSTADT GEGEN DAS SONDERKOMMANDO 4A (1965-1967). 75

Die Verfahrensübernahme und der Auftakt des Vorverfahrens (1965) (75) Tatort Babyn Jar: Grundlagenforschung und Beweismittelsuche im Angesicht des Kalten Kriegs (81) Anklageschrift und Eröffnungsbeschluss (1967) (92)

6 KUNO CALLSEN VOR DEM SCHWURGERICHT DARMSTADT (1967/68) 99

Prozessauftakt – Akteure – Beweisaufnahme (99) Das Plädoyer des Strafverteidigers Hans Fertig (108) Das Urteil (1968), sein juristisches Nachspiel und der Strafvollzug (114)

7 ZUR ÖFFENTLICHKEITSWIRKSAMKEIT DES PROZESSES 1967/68 122

Der Darmstädter Einsatzgruppenprozess und die bundesdeutsche Öffentlichkeit (122) Internationale und überregionale Prozessberichterstattung als Politikum (126) Lokale Prozessberichterstattung als Dokumentation (132)

8 FAZIT 137

ANHANG 145

Abbildungen (146) Abkürzungen (148) Quellen (149) Literatur (152) Personenregister (163) Dank (166)

1 EINLEITUNG

Am Morgen des 2. Oktober 1967 wurden dem Schwurgericht am Landgericht Darmstadt elf Angeklagte vorgeführt. Unter ihnen befanden sich mehrere kaufmännische Angestellte, ein Tankstellenpächter, ein Steuersekretär im Ruhestand sowie ein Bankdirektor.[1] Im Blitzlicht der Presse betraten die Männer in gepflegten Anzügen den Schwurgerichtssaal. »Nicht so stolz wie einst«, kommentierte eine Lokalzeitung, verbargen einige von ihnen ihre Gesichter doch hinter Hüten oder Sonnenbrillen.[2] Den elf Männern war gemein, dass sie 1941 als Angehörige des Sonderkommandos 4a (Sk 4a) der Einsatzgruppe C in der Ukraine an Massakern an der jüdischen Zivilbevölkerung beteiligt gewesen waren. Als »Mittäter« respektive »Gehilfen« waren sie des Mords an 80.000 Menschen angeklagt.[3] Auf ihrer Marschroute, die sie bis Ende 1941 quer durch die zentrale und nördliche Ukraine geführt hatte (Abb. 1 und 2), hatten die Teilkommandos des Sk 4a eine regelrechte Blutspur hinterlassen – das wohl größte Massaker hatten sie Ende September 1941 in der nahe Kyjiw gelegenen Schlucht Babyn Jar angerichtet: Binnen zweier Tage hatten die Männer des Sk 4a dort gemeinsam mit dem Stab des Höheren SS- und Polizeiführers (HSSPF) Russland-Süd, Friedrich Jeckeln, und Angehörigen der Wehrmacht 33.771 Jüdinnen und Juden aus Kyjiw ermordet.[4] Mit

1 O. A.: Angeklagt des Mordes in der Ukraine. Vor dem Darmstädter Schwurgericht: Die Greuel des Sonderkommandos 4a, in: Darmstädter Echo, 3.10.1967, S. 6.

2 Ebd.

3 Hessisches Staatsarchiv Darmstadt (HStAD), H13 Darmstadt, 1291-43, Anklageschrift der GStA in der Strafsache gegen Callsen und Andere, Frankfurt am Main, 12.1.1967, S. 1-133.

4 Vgl. Bert Hoppe: Babyn Jar. Massenmord am Stadtrand, in: Osteuropa, 71 (2021), H. 1-2, S. 5-22.

der Auslöschung ganzer jüdischer Gemeinden in Massakern durch Kommandos wie das Sk 4a – heute als »Holocaust by Bullets« bezeichnet, der jenseits der bekannten Konzentrations- und Vernichtungslager stattfand und damit lange kaum im Bewusstsein der Deutschen verankert war[5] – hatte das NS-Regime Mitte 1941 in der Sowjetunion eine »entscheidende Schwelle vom Terror zum Völkermord« überschritten.[6]

Als Hauptangeklagter stand 26 Jahre später der ehemalige SS-Hauptsturmführer Kuno Callsen (1911-2001) vor dem Darmstädter Schwurgericht. Callsen war, wie auch seine Mitangeklagten Adolf Janssen und Kurt Hans, als Anwärter der Sicherheitspolizeischule in Berlin-Charlottenburg für das Sk 4a rekrutiert worden und hatte als relativ autonom handelnder Teilkommandoführer eine Stellvertreterfunktion für Paul Blobel (1894-1951), den Chef des Sk 4a, eingenommen.[7] Während Blobel 1948 als »Hauptkriegsverbrecher« im »Case IX« der sogenannten Nürnberger Nachfolgeprozesse vor dem

5 Franziska Davies, Katja Makhotina: Offene Wunden Osteuropas. Reisen zu Erinnerungsorten des Zweiten Weltkriegs, Darmstadt 2022, S. 94; die heute oft genutzte Bezeichnung »Holocaust by Bullets« geht auf den katholischen Geistlichen Patrick Desbois zurück, s. Patrick Desbois: Porteur de Mémoires. Sur les traces de la Shoah par balles, Neuilly-sur-Seine 2007; s. dazu auch Alex J. Kay: Empire of Destruction. A History of Nazi Mass Killing, New Haven, London 2021, S. 57-98.

6 Einleitung, in: Susanne Heim u.a. (Hrsg.): Die Verfolgung und Ermordung der europäischen Juden durch das nationalsozialistische Deutschland 1933-1945 (VEJ), Bd. 7: Sowjetunion mit annektierten Gebieten I: Besetzte sowjetische Gebiete unter deutscher Militärverwaltung, Baltikum und Transnistrien, bearb. v. Bert Hoppe, Hildrun Glass, München 2011, S. 29; s. hierzu auch Ralf Ogorreck: Die Einsatzgruppen und die »Genesis der Endlösung« (Diss.), Berlin 1996, S. 220.

7 S. hierzu Michael Wildt: Generation des Unbedingten. Das Führungskorps des Reichssicherheitshauptamtes, Hamburg 2003, S. 283, 550; Alexander Neumann, Petra Peckl, Kim Priemel: Praxissemester »Osteinsatz«. Der Führernachwuchs der Sipo und der Auftakt zur Vernichtung der litauischen Juden, in: Zeitschrift für Genozidforschung, 7 (2006), H. 1, S. 8-48.

US-amerikanischen Militärtribunal zum Tode verurteilt wurde, blieben die höheren SS-Führer unter Blobel, darunter Callsen, sowie auch die 60 bis 80 Mann Stammpersonal des Kommandos für ihre Taten unbestraft. Erst 1960 stießen Ermittler der 1958 gegründeten Zentralen Stelle der Landesjustizverwaltung zur Aufklärung nationalsozialistischer Gewaltverbrechen in Ludwigsburg (kurz: Zentrale Stelle) auf Kuno Callsen und die Verbrechen des Sk 4a.[8] Während ihrer bis März 1964 andauernden Vorermittlungen zeichnete sich für die Ermittler ab, dass Callsen »gemäß dem Grad seiner Verantwortlichkeit und dem Umfang seiner Tatbeteiligung« als Hauptbeschuldigter im Ermittlungskomplex anzusehen sei.[9] Nach damals üblichem Verfahren überwies die Zentrale Stelle die Ermittlungen an die für den Wohnort des Hauptbeschuldigten zuständige Staatsanwaltschaft, in diesem Falle die Staatsanwaltschaft Darmstadt, da Callsen im hessischen Neu-Isenburg lebte.[10] Die Amtsverrichtung der Staatsanwaltschaft übernahm im März 1965 kein Geringerer als der hessische Generalstaatsanwalt Dr. Fritz Bauer (1903-1968).[11] Als der Gerichtsvorsitzende des Darmstädter Schwurgerichts, Vinzenz Paquet, am 2. Oktober 1967 um halb 9 Uhr morgens die Verhandlung gegen Callsen und seine zehn Mitangeklagten eröffnete, standen zum ersten Mal in der bundesdeutschen Justizgeschichte die Verbrechen des Sk 4a, darunter das berüchtigte Massaker von Babyn Jar, vor Gericht.[12]

8 HStAD, H13 Darmstadt, 1291-1, Bericht betreffs Massenerschießungen durch das Sonderkommando 4a, Sonderkommission Zentrale Stelle, Ludwigsburg, 26.8.1960, Bl. 49-64.

9 HStAD, H13 Darmstadt, 1291-10, Abschlussbericht der Zentralen Stelle zu den Ermittlungen gegen die Angehörigen des Sk 4a, Ludwigsburg, 1.4.1964, Bl. 2224.

10 Ebd.

11 Hessisches Hauptstaatsarchiv Wiesbaden (HHStAW), 631a-1868, GStA an den Oberstaatsanwalt bei dem Landgericht Darmstadt, Frankfurt am Main, 11.3.1965, Bl. 2631.

12 Vgl. Franziska Davies: Babyn Jar vor Gericht. Juristische Aufarbeitung in der UdSSR und Deutschland, in: Osteuropa, 71 (2021), H. 1-2, S. 23-40, hier: S. 36.

Trotz der Brisanz und der historiografischen Bedeutsamkeit der im Prozess verhandelten NS-Gewaltverbrechen sowie des Umstands, dass Fritz Bauer sich des Verfahrens annahm, ist der Prozess von 1967/68, der als Darmstädter Einsatzgruppenprozess oder auch Callsen-Prozess bezeichnet wird,[13] weitgehend vergessen und von der Zeitgeschichtsforschung bislang nicht systematisch untersucht worden. Dies ist umso erstaunlicher, als im Strafverfahren gegen »Callsen u. a.« wegweisende Grundlagenforschung zu den Anfängen des Holocaust in der Ukraine angestellt wurde, der NSG-Prozess in seinem Umfang als einer der größten seiner Zeit galt und auch international Aufmerksamkeit erfuhr.

Die bundesdeutschen Ermittlungen gegen Callsen als ehemaligen Teilkommandoführer des Sk 4a sowie der Darmstädter Einsatzgruppenprozess sind Gegenstand dieser Arbeit. Folgende Fragen stehen dabei im Mittelpunkt: Wie kam es, dass Callsen und seine ehemaligen Kameraden des Sk 4a bis in die 1960er Jahre in der Bundesrepublik ein unbescholtenes Leben führen konnten, und unter welchen Bedingungen wurde die Strafverfolgung ihrer Verbrechen schließlich aufgenommen? Auf welche Informationen zum Sk 4a konnten sich Juristinnen und Juristen in den 1960er Jahren stützen, und inwiefern leisteten sie Grundlagenforschung in Bezug auf die Verbrechen des Sk 4a und präfigurierten damit historiografische Narrative des Holocaust? Wie verlief der Prozess, und welche Verteidigungsstrategien und Täterselbstverständnisse traten in seinem Verlauf zutage? Und nicht zuletzt: Welche Bedeutung hatte das Urteil des Darmstädter Schwurgerichts in seinem rechtshistorischen Kontext, und welche Öffentlichkeitswirksamkeit entfaltete der Prozess? Aus der Reihe der Angeklagten und der zur Anklage stehenden Verbrechen richtet sich der Fokus der Arbeit auf den

13 Nathalie Gerstle: Callsen-Prozess (Babij Jar), in: Torben Fischer, Matthias Lorenz (Hrsg.): Lexikon der »Vergangenheitsbewältigung« in Deutschland. Debatten- und Diskursgeschichte des Nationalsozialismus nach 1945, 2. Aufl., Bielefeld 2009 (zuerst 2007), S. 154 f.

Hauptangeklagten, Kuno Callsen, und seine Nachkriegsvergangenheit sowie auf den Anklagepunkt »Babyn Jar«. Dabei zielt die Arbeit über eine erstmalige zeitgeschichtliche Rekonstruktion der Ermittlungen und des Prozesses gegen die Männer des Sk 4a hinaus auch auf eine Untersuchung des Zusammenspiels juristischer und historiografischer Praxis sowie der Bedeutung dieses spezifischen NSG-Prozesses für die Justizgeschichte der Bundesrepublik ab.

Die Arbeit stützt sich auf vier Quellenkorpora, die Historikerinnen und Historiker bisher weitgehend unbeachtet ließen: Das Hauptkorpus bilden die 226 Prozessakten zum Callsen-Prozess, die im Hessischen Staatsarchiv in Darmstadt aufbewahrt werden.[14] Sie umfassen die Vorermittlungsunterlagen der Zentralen Stelle (überwiegend als Kopien), sämtliche Ermittlungsunterlagen der Staatsanwaltschaft Darmstadt, Dokumentenbände mit Materialien zum Sk 4a (etwa Vernehmungsprotokolle Paul Blobels aus Nürnberg von 1947) sowie die Protokollbände der 107 Verhandlungstage. Auswahlkopien dieser Unterlagen sind im Archiv des Instituts für Zeitgeschichte (IfZ) in München überliefert, dessen damalige Mitarbeiter Hans Buchheim und Helmut Krausnick als Sachverständige im Darmstädter Einsatzgruppenprozess aussagten.[15] Diese Prozessakten sind neben Presseschilderungen alles, was über die Abläufe 1967/68 im Schwurgerichtssaal 214 am Landgericht Darmstadt überliefert ist. Im Vergleich zu medial breitenwirksam inszenierten NSG-Prozessen wie jenen in Nürnberg oder dem Eichmann-Prozess 1961 in Jerusalem fand der Darmstädter Einsatzgruppenprozess nämlich weitgehend hinter verschlossenen Türen statt.[16] Fotografien und Filmaufnahmen waren

14 HStAD, H 13 Darmstadt, 1291-1 bis 226.

15 HStAD, H13 Darmstadt, 1291-132, Protokolle der Hauptverhandlung, 13./14.11.1967, Bl. 418, 480.

16 Zur medialen Inszenierung der Nürnberger Prozesse s. Cornelia Vismann: Medien der Rechtsprechung, hrsg. von Alexandra Kemmerer und Markus Krajewski, Frankfurt am Main 2011, S. 241-270; zu jener im Eichmann-Prozess s. Annette Wieviorka: Die Entstehung

im Gerichtssaal untersagt worden, und anders als im ersten Frankfurter Auschwitz-Prozess (1963-1965) hatte sich die Generalstaatsanwaltschaft bereits im Vorfeld des Prozesses explizit gegen Tonbandmitschnitte ausgesprochen, da sie durch diese einen »Eingriff in den Persönlichkeitsbereich« der Zeuginnen und Zeugen und eine mögliche Befangenheit in ihren Aussagen fürchtete.[17] Den Gesprächssituationen und Stimmungen im Gerichtssaal lässt sich im Falle des Callsen-Prozesses heute daher nur anhand der schriftlichen Überlieferung nachkommen.[18] Das zweite Korpus bilden die Akten der Generalstaatsanwaltschaft zu den Ermittlungen gegen »Kuno Callsen u.a.«, die im Hessischen Hauptstaatsarchiv Wiesbaden verwahrt werden und in erster Linie Korrespondenzen zwischen den Ermittlungsbehörden und deren Beschlüsse beinhalten.[19] Dokumentieren diese beiden Korpora die Seite der Anklage im Prozess, so wird jene der Verteidigung hier exemplarisch durch den Vorlass von Kuno Callsens Pflichtverteidiger, Dr. Hans Fertig (1929-2015), abgedeckt. Dieser befindet sich seit 2013 im Archiv des Fritz Bauer Instituts in Frankfurt am Main und umfasst neben

des Zeugen, in: Gary Smith (Hrsg.): Hannah Arendt Revisited: »Eichmann in Jerusalem« und die Folgen, Frankfurt am Main 2000, S. 136-159, hier: S. 141.

17 HStAD, H13 Darmstadt, 1291-89, GStA Frankfurt an Landgerichtsrat Vinzenz Paquet, 26.6.1967, Bl. 9081. Eine Ausnahme stellten als »Gedächtnisstütze« die Gutachten der sachverständigen Historiker Hans Buchheim und Helmut Krausnick dar, über deren Überlieferung jedoch nichts bekannt ist. Zu den Aufnahmen s. HStAD, H13 Darmstadt, 1291-132, Protokolle der Hauptverhandlung, 13./14.11.1967, Bl. 418, 480; zu den Tonbandmitschnitten im Auschwitz-Prozess s. Johannes Beermann-Schön: Archiv und Zufall. Entstehung und Überlieferung der Tonbandmitschnitte von Zeugenaussagen, in: Sybille Steinbacher, Katharina Rauschenberger (Hrsg.): Der Auschwitz-Prozess auf Tonband. Akteure, Zwischentöne, Überlieferung, Göttingen 2020, S. 87-107.

18 Zum analytischen Potenzial von Tonbandmittschnitten in Strafprozessen s. Eva-Lotte Kalz: Stimmen und Stimmungen. Zum Auftreten der Strafverteidiger im Prozess, in: Steinbacher, Rauschenberger (Hrsg.): Der Auschwitz-Prozess auf Tonband, S. 63-86.

19 HHStAW, 631a, 1856-2142.

eigenen Ermittlungsunterlagen Fertigs auch dessen Notizen zum Prozess, vereinzelte Korrespondenzen mit Callsen sowie das Plädoyer, das Fertig 1968 im Prozess für Callsen hielt.[20] Als viertes Korpus wird die zeitgenössische Presseberichterstattung hinzugezogen. Während im Deutschen Rundfunkarchiv mit Ausnahme einer kurzen Sequenz der DDR-Nachrichtensendung »Aktuelle Kamera«[21] keine Quellen zum Darmstädter Einsatzgruppenprozess zu finden waren,[22] ist eine ganze Reihe von Prozessberichten internationaler, überregionaler und vor allem lokaler Printmedien überliefert. Stichprobenartig wird sich in der Arbeit auf die Berichterstattung der US-amerikanischen Tageszeitung *The New York Times*, der Überlebendenzeitschrift *Bulletin des Comité International des Camps* sowie auf hessische lokale Tageszeitungen wie das *Darmstädter Echo* und das *Darmstädter Tageblatt* konzentriert.

Methodisch lassen die Quellen hauptsächlich einen täterzentrierten Ansatz zu, der Strafverfahren innewohnt.[23] Eine Besonderheit des Callsen-Prozesses ist – anders als im Auschwitz-Prozess etwa – die weitgehende Absenz von Überlebendenzeuginnen und Überlebendenzeugen, da kaum jemand die Massaker des Sk 4a überlebt hatte und mögliche Überlebende hinter dem »Eisernen Vorhang« nur schwer zu ermitteln waren.[24] Deshalb kann im Falle des Callsen-Prozesses auch von

20 Archiv des Fritz Bauer Instituts, Frankfurt am Main, Vorlass Hans Fertig, Signatur VL-Fert.

21 Deutsches Rundfunkarchiv (DRA), DFF-DDR-F-Nachrichtenbestand (DRAB-N), Beitrag 392644, Aktuelle Kamera, Spätausgabe, SS-Mordprozess in Darmstadt, 0'50", 22.03, 4.10.1967 (ohne Ton).

22 E-Mail-Korrespondenz des Autors mit Alexandra Luther, Information und Logistik des DRA, 22.6.2022. Eine systematische Suche in den Archiven von Rundfunkanstalten ist im Rahmen dieser Arbeit nicht erfolgt. Anfragen beim Hessischen Rundfunk blieben ergebnislos.

23 Zur Täterzentrierung von Strafprozessen s. Katharina Stengel: Die Überlebenden vor Gericht. Auschwitz-Häftlinge als Zeugen in NS-Prozessen, Göttingen 2022, S. 46f.

24 Vgl. ebd.

einem »Dokumentenprozess« gesprochen werden: Das Fundament der Anklage bildeten nicht etwa die Aussagen Überlebender oder ihrer Familien, sondern maßgeblich Dokumente aus der NS-Zeit und den unmittelbaren Nachkriegsjahren sowie Vernehmungsprotokolle von Tätern. Dort, wo es möglich ist, werden die Stimmen der Überlebendenzeuginnen – zwei Frauen waren es, die in Darmstadt aussagten – einbezogen. Quellenkritisch wird in Rechnung gestellt, dass die Inhalte der Prozessunterlagen von juristischen Erkenntnisinteressen geformt sind und damit juristische Interpretationen einer – stets konstruierten – historischen Realität widerspiegeln.[25] »Der Richter und der Historiker«, so hat der italienische Historiker Carlo Ginzburg betont, haben zudem unterschiedliche Fragen an die ihnen zur Verfügung stehenden Materialien – jede Gleichsetzung der beiden Professionen reduziere und vereinfache das Ergebnis ihrer jeweiligen »Beweisführungen«.[26] Mit dieser Prämisse wird in der Arbeit dem Umstand Rechnung getragen, dass der Justiz grundsätzlich daran gelegen ist, nach Strafbarkeit respektive Rechtmäßigkeit zu suchen, während es der Geschichtswissenschaft, und so auch dieser Arbeit, um die Frage nach »übergreifenden politischen und ideologischen Zusammenhängen« geht.[27]

25 Vgl. Kerstin Brückweh: Dekonstruktion von Prozessakten – Wie ein Strafprozess erzählt werden kann, in: Jürgen Finger, Sven Keller, Andreas Wirsching (Hrsg.): Vom Recht zur Geschichte. Akten aus NS-Prozessen als Quellen der Zeitgeschichte, Göttingen 2009, S. 193-204, hier: S. 196; Johannes Tuchel: Die NS-Prozesse als Materialgrundlage für die historische Forschung. Thesen zu Möglichkeiten und Grenzen interdisziplinärer Zusammenarbeit, in: Jürgen Weber, Peter Steinbach (Hrsg.): Vergangenheitsbewältigung durch Strafverfahren? NS-Prozesse in der Bundesrepublik Deutschland, München 1984, S. 134-144, hier: S. 144.

26 Vgl. Carlo Ginzburg: Der Richter und der Historiker. Überlegungen zum Fall Sofri. Aus dem Italienischen übersetzt von Walter Kögler, Berlin 1991, S. 97f.

27 Sybille Steinbacher: »... nichts weiter als Mord«. Der Gestapo-Chef von Auschwitz und die bundesdeutsche Nachkriegsjustiz, in: Dies., Norbert Frei, Bernd C. Wagner (Hrsg.): Ausbeutung, Vernichtung,

Empirisch fundierte Einzelstudien zum Darmstädter Einsatzgruppenprozess liegen bislang nicht vor. Die bis dato ausführlichste Untersuchung des Prozesses findet sich in Irmtrud Wojaks Biografie Fritz Bauers aus dem Jahr 2009, in der die Historikerin den Prozess auf Grundlage der Wiesbadener Akten vor dem Hintergrund von Fritz Bauers strafrechtlichen Auffassungen analysiert.[28] Auch die Darmstädter Prozessakten sind der Forschung als Quellenmaterial nicht gänzlich unbekannt; so beziehen sich einige wenige historische Arbeiten auf sie, etwa Helmut Krausnicks Studie *Hitlers Einsatzgruppen. Die Truppen des Weltanschauungskriegs 1938-1942* (1985), Ralf Ogorrecks Dissertation *Die Einsatzgruppen und die »Genesis der Endlösung«* (1996) und Wendy Lowers Monografie *Nazi Empire-Building and the Holocaust in Ukraine* (2005).[29] Auch findet der Prozess in Bezug auf die strafrechtliche Aufarbeitung der Einsatzgruppenverbrechen nach 1945 immer wieder kursorisch Erwähnung, so zum Beispiel in einem einschlägigen Aufsatz zur Einsatzgruppe C des Historikers Dieter Pohl (1997), der rechtshistorischen Studie *Die Strafverfolgung der NS-Kriminalität am Landgericht Darmstadt* des Juristen Volker

Öffentlichkeit. Neue Studien zur nationalsozialistischen Lagerpolitik, München 2000, S. 265-298, hier: S. 266; s. zum Verhältnis von Geschichtswissenschaft und Justiz auch Raphael Gross: Mächtiger als die Gerichte? Geschichte und historische Gerechtigkeit, in: Norbert Frei, Dirk van Laak, Michael Stolleis (Hrsg.): Geschichte vor Gericht. Historiker, Richter und die Suche nach Gerechtigkeit, München 2000, S. 164-172, sowie Achim Landwehr: Die anwesende Abwesenheit der Vergangenheit. Essay zur Geschichtstheorie, Frankfurt am Main 2016, S. 60-65.

28 Vgl. Irmtrud Wojak: Fritz Bauer 1903-1968. Eine Biografie, München 2011, S. 417-427.

29 Helmut Krausnick, Hans-Heinrich Wilhelm: Die Truppe des Weltanschauungskrieges. Die Einsatzgruppen der Sicherheitspolizei und des SD 1938-1942, Stuttgart 1981; Helmut Krausnick: Hitlers Einsatzgruppen. Die Truppen des Weltanschauungskriegs 1938-1942, Frankfurt am Main 1985; Ogorreck: Einsatzgruppen; Wendy Lower: Nazi Empire-Building and the Holocaust in Ukraine, Chapel Hill/North Carolina 2005.

Karl Hoffmann (2013) und dem Aufsatz »Babyn Jar vor Gericht. Juristische Aufarbeitung in der UdSSR und Deutschland« der Historikerin Franziska Davies (2021).[30] Auch wird der Prozess in einem jüngst erschienenen regionalgeschichtlichen Beitrag zur Person des Hauptangeklagten, Kuno Callsen, erwähnt.[31]

Wenngleich damit kaum Forschungsbeiträge unmittelbar zum Callsen-Prozess vorliegen, knüpft die Arbeit an gut erforschte Themenfelder an: Zunächst liegen zahlreiche Forschungsergebnisse zur Rolle der Einsatzgruppen im deutschen Angriffskrieg auf die Sowjetunion vor. Zu den frühesten Studien, in denen auf die Einsatzgruppen eingegangen wird, zählen das bereits 1956 auf Deutsch erschienene Werk *Die Endlösung. Hitlers Versuch der Ausrottung der Juden Europas 1939-1945* des britischen Historikers Gerald Reitlinger sowie das 1961 verfasste, allerdings erst 1982 auf Deutsch erschienene dreibändige Opus magnum des US-amerikanischen Historikers Raul Hilberg *Die Vernichtung der europäischen Juden*, in dem dieser die organisatorischen Strukturen der Einsatzgruppen eingehend untersucht.[32] Mit den Studien Helmut Krausnicks wandte sich in den 1980er Jahren auch die deutsche Forschung zunehmend

30 Vgl. Dieter Pohl: Die Einsatzgruppe C 1941/42, in: Peter Klein (Hrsg.): Die Einsatzgruppen in der besetzten Sowjetunion 1941/42. Die Tätigkeits- und Lageberichte des Chefs der Sicherheitspolizei und des SD, Berlin 1997, S. 71-87, hier: S. 83; Volker Karl Hoffmann: Die Strafverfolgung der NS-Kriminalität am Landgericht Darmstadt, Berlin 2013, S. 233-246; Davies: Babyn Jar vor Gericht, S. 36-39; vgl. auch dies., Makhotina: Offene Wunden, S. 106 f.

31 Walter Vietzen: Kuno Friedrich Callsen: Vom Gründer des Itzehoer NS-Schülerbundes zum Massenmörder, in: Miriam J. Hoffmann, Vivian Vierkant (Hrsg.): »Heute marschieren wir alle geschlossen hinter dem Führer«. Itzehoe und der Kreis Steinburg 1933-1945, Itzehoe 2022, S. 183-199.

32 Gerald Reitlinger: Die Endlösung. Hitlers Versuch der Ausrottung der Juden Europas 1939-1945, ins Deutsche übertragen von J. W. Brügel, 4., durchges. u. verb. Aufl., Berlin 1961 (englische Erstveröffentlichung 1953); Raul Hilberg: Die Vernichtung der europäischen Juden, 3 Bde., Bd. 2, Frankfurt am Main 1990 (US-amerikanische Erstveröffentlichung 1961), S. 288-304.

dem Gegenstand zu.[33] Insbesondere seit Beginn der 1990er Jahre erschienen einschlägige Beiträge zu den Einsatzgruppen in der Sowjetunion, so etwa die einleitenden Aufsätze in der von Peter Klein herausgegebenen Quellenedition der *Tätigkeits- und Lageberichte des Chefs der Sicherheitspolizei und des SD* (1997).[34] Von den Einzelstudien, die darüber hinaus inzwischen über den Holocaust in der Ukraine vorliegen, seien jene der Historikerinnen und Historiker Yitzhak Arad, Omer Bartov, Karel Berkhoff, Martin Dean und Wendy Lower sowie der Soziologin Michaela Christ hervorgehoben.[35] Ein weiteres Forschungsfeld, an das die Arbeit anknüpft, ist das der juristischen Aufarbeitung von NS-Verbrechen nach 1945, insbesondere die der Einsatzgruppen. Genannt seien hier die Publikationen des langjährigen Leiters der Zentralen Stelle, Adalbert Rückerl, und seines Nachfolgers Alfred Streim aus den 1970er und 1980er Jahren[36] sowie der deutschen Historikerinnen und Historiker Norbert Frei, Kerstin Freudiger, Kerstin Hofmann, Hans-Christian Jasch, Wolf Kaiser, Marc von Miquel und Annette Weinke.[37] Als wichtige

33 Krausnick: Hitlers Einsatzgruppen.

34 Klein (Hrsg.): Die Einsatzgruppen in der besetzten Sowjetunion 1941/42.

35 Yitzhak Arad: The Holocaust in the Soviet Union, Lincoln/Nebraska 2009; Omer Bartov: Anatomy of a Genocide. The Life and Death of a Town Called Buczacz, New York u. a. 2019; Karel C. Berkhoff: Harvest of Despair. Life and Death in Ukraine under Nazi Rule, Cambridge/Massachusetts 2004; Martin Dean: The Collaboration in the Holocaust. Crimes of the Local Police in Belorussia and Ukraine, 1941-44, Basingstoke 2000; Lower: Nazi Empire-Building; Michaela Christ: Die Dynamik des Tötens. Die Ermordung der Juden von Berditschew. Ukraine 1941-1944, Frankfurt am Main 2011.

36 Adalbert Rückerl: NS-Verbrechen vor Gericht. Versuch einer Vergangenheitsbewältigung, 2., überarb. Aufl., Heidelberg 1984 (zuerst 1982); Alfred Streim: Zum Beispiel: Die Verbrechen der Einsatzgruppen in der Sowjetunion, in: Adalbert Rückerl (Hrsg.): NS-Prozesse. Nach 25 Jahren Strafverfolgung: Möglichkeiten – Grenzen – Ergebnisse, Karlsruhe 1971, S. 65-106.

37 Norbert Frei: Vergangenheitspolitik. Die Anfänge der Bundesrepublik und die NS-Vergangenheit, München 2012 (zuerst 1996); Kerstin Freudiger: Die juristische Aufarbeitung von NS-Verbrechen,

Referenzpunkte dienen überdies Einzelstudien zu NSG-Prozessen in den 1960er Jahren, allen voran dem ersten Frankfurter Auschwitz-Prozess. Zu nennen sind hier besonders die Studien des US-amerikanischen Historikers Devin O. Pendas und der kanadischen Historikerin Rebecca Wittmann.[38] Auch das Themenfeld der öffentlichen Auseinandersetzung mit dem Holocaust nach 1945 ist für den Kontext dieser Arbeit relevant. Aus der Vielzahl der hierzu vorliegenden Studien seien jene der Historiker Norbert Frei und Konrad Jarausch[39] sowie die Beiträge des 2011 von Jörg Osterloh und Clemens Vollnhals herausgegebenen Sammelbandes *NS-Prozesse und deutsche Öffentlichkeit* erwähnt.[40] Nicht zuletzt ist die Geschichte der Ukraine als Schauplatz von Gewaltverbrechen seit Beginn des russischen Angriffskriegs 2022 auch verstärkt in den Fokus der Zeitgeschichte gerückt; zu den einschlägigen Beiträgen dieser »Historisierung in Echtzeit«[41] zählen Anna Veronika Wendlands

Tübingen 2002; Kerstin Hofmann: »Ein Versuch nur – immerhin ein Versuch.« Die Zentrale Stelle in Ludwigsburg unter der Leitung von Erwin Schüle, Berlin 2018; Hans-Christian Jasch, Wolf Kaiser: Der Holocaust vor deutschen Gerichten. Amnestieren, Verdrängen, Bestrafen, Bonn 2018; Marc von Miquel: Ahnden oder Amnestieren? Westdeutsche Justiz und Vergangenheitspolitik in den sechziger Jahren, Göttingen 2004; Annette Weinke: Die Verfolgung von NS-Tätern im geteilten Deutschland. Vergangenheitsbewältigung 1949-1969 oder: Eine deutsch-deutsche Beziehungsgeschichte im Kalten Krieg, Paderborn u. a. 2002.

38 Devin O. Pendas: Der Auschwitz-Prozess. Völkermord vor Gericht, München 2013 (US-amerikanische Erstveröffentlichung 2006); Rebecca Wittmann: Beyond Justice. The Auschwitz Trial, Cambridge/Massachusetts, London 2005.

39 Norbert Frei: 1945 und wir. Das Dritte Reich im Bewußtsein der Deutschen, erw. Taschenbuchausgabe, München 2009 (zuerst 2005); Konrad Jarausch: Die Umkehr. Deutsche Wandlungen 1945-1995, München 2004.

40 Jörg Osterloh, Clemens Vollnhals (Hrsg.): NS-Prozesse und deutsche Öffentlichkeit. Besatzungszeit, frühe Bundesrepublik und DDR, Göttingen 2011.

41 Sybille Steinbacher, Dietmar Süß: »Zeitenwende« in der Geschichtspolitik? Die Ukraine, Russland und die Deutschen. 1990/91 bis

Monografie *Die Ukraine verstehen* (2023) sowie die zwei jüngst erschienenen Sammelbände, herausgegeben von Wolfgang Benz (2023) beziehungsweise Sybille Steinbacher und Dietmar Süß (2024).[42]

Der Hauptteil der Arbeit ist in sechs Kapitel gegliedert, die chronologisch den gestellten Ausgangsfragen nachgehen. Im Fokus des ersten Kapitels stehen – basierend auf heutigen Wissensbeständen – die Vorgeschichte und Geschichte der Einsatzgruppenverbrechen, die den Beginn der systematischen Ermordung der jüdischen Bevölkerung in der Sowjetunion markieren und 1967/68 vor dem Darmstädter Schwurgericht verhandelt wurden. Das zweite Kapitel widmet sich der justiziellen Aufarbeitung dieser Verbrechen durch die alliierten Besatzer. Dabei werden das Verfahren gegen Paul Blobel im Nürnberger Einsatzgruppenprozess sowie das Spruchkammerverfahren Kuno Callsens vor der Spruchkammer Darmstadt-Lager mit Blick auf die strafrechtliche Praxis der US-Amerikaner sowie auf die Wissensbestände, die in Bezug auf das Sk 4a und Callsen vorlagen, untersucht. Im Zentrum des dritten Kapitels stehen der Auftakt der Vorermittlungen gegen Kuno Callsen und das Sk 4a durch die Zentrale Stelle in Ludwigsburg (1960-1964) und deren Suche nach Tätern und Beweismitteln. Die Übernahme des Verfahrens durch die Frankfurter Generalstaatsanwaltschaft unter Fritz Bauer und die Grundlagenforschung, die im Angesicht des Kalten Kriegs durch die Ermittler angestellt wurde (1965-1967), sind Gegenstand des vierten Kapitels. Das fünfte Kapitel behandelt schließlich den Darmstädter Einsatzgruppen-

heute. Einführung, in: Dies. (Hrsg.): Die Ukraine, Russland und die Deutschen. 1990/91 bis heute, Göttingen 2024, S. 9-19, hier: S. 15; zum »Ukrainekrieg als Erfahrungszäsur« und der nötigen Bemühung der Zeitgeschichte um »Gegenwartsdistanz« s. Martin Sabrow: Zeitenwenden in der Zeitgeschichte, Göttingen 2023, S. 42-87.

42 Anna Veronika Wendland: Befreiungskrieg. Nationsbildung und Gewalt in der Ukraine, Frankfurt am Main, New York 2023; Wolfgang Benz (Hrsg): Die Ukraine. Kampf um Unabhängigkeit. Geschichte und Gegenwart, Berlin 2023; Steinbacher, Süß (Hrsg.): Die Ukraine.

prozess selbst (1967/68), die Akteurinnen und Akteure, die im Schwurgerichtssaal auftraten, die Verteidigungsstrategien, die im Prozess verfolgt wurden, sowie das Urteil des Gerichts und sein Vollzug. Das sechste Kapitel fokussiert die Öffentlichkeitswirksamkeit des Prozesses in der Bundesrepublik und untersucht dafür die Presseberichterstattung zum Callsen-Prozess.

Die Schreibweise von Ortsnamen veränderte sich im Laufe der wechselhaften ukrainischen Geschichte je nach Sprache der Machtausübenden. In den Justizquellen der Nachkriegszeit finden sich zumeist Transkriptionen aus dem Russischen. Während diese im Folgenden in Zitaten beibehalten werden, werden sie im Haupttext bewusst gemäß der aktuellen Duden-Transliterationen aus dem Ukrainischen ersetzt (ukrainisch etwa »Babyn Jar« anstatt russisch »Babij Jar«, »Kyjiw« statt »Kiew« oder »Charkiw« statt »Charkow«).

2 DER MORD AN DER JÜDISCHEN BEVÖLKERUNG IN DER UKRAINE 1941/42

Die jüdische Bevölkerung am Vorabend des deutschen Überfalls auf die Sowjetunion

Mit dem Überfall der Wehrmacht auf die Sowjetunion am 22. Juni 1941 begann »der ungeheuerlichste Eroberungs-, Versklavungs- und Vernichtungskrieg« der Neuzeit.[1] Von der Gewalt dieses Kriegs waren nahezu alle Menschen in den von deutschen Truppen besetzten Gebieten betroffen, keine Bevölkerungsgruppe wurde jedoch so systematisch verfolgt wie die jüdische.[2] So waren auch die Jüdinnen und Juden in der Ukrainischen Sozialistischen Sowjetrepublik (USSR) – die damals größte jüdische Minderheit der Sowjetunion – durch den Einfall der Wehrmacht vom Tode bedroht.[3] In nur 18 Monaten

1 Ernst Nolte: Der Faschismus in seiner Epoche. Die Action française. Der italienische Faschismus. Der Nationalsozialismus, München 1963, S. 436; s. auch Andreas Hillgruber: Hitlers Strategie. Politik und Kriegsführung 1940-1941, Frankfurt am Main 1965, S. 516f.; VEJ 7: Einleitung, S. 13; s. auch Dieter Pohl: Der Platz des deutsch-sowjetischen Krieges im Zweiten Weltkrieg, in: Jürgen Zarusky, Sybille Steinbacher (Hrsg.): Der deutsch-sowjetische Krieg 1941-1945. Geschichte und Erinnerung, Göttingen 2020, S. 63-75.

2 Vgl. VEJ 7: Einleitung, S. 13; vgl. auch Bert Hoppe: Von Nachbarn zu Ausgestoßenen. Das Verhältnis von Nicht-Juden und Juden in den besetzten sowjetischen Gebieten, in: Zarusky, Steinbacher (Hrsg.): Der deutsch-sowjetische Krieg 1941-1945, S. 179-198.

3 Vgl. Dieter Pohl: Schauplatz Ukraine: Der Massenmord an den Juden im Militärverwaltungsgebiet und im Reichskommissariat 1941-1943, in: Norbert Frei, Sybille Steinbacher, Bernd C. Wagner

wurden dort nahezu alle Jüdinnen und Juden ermordet, denen eine Flucht nicht rechtzeitig gelungen war.[4]

Rund 1,5 Millionen Jüdinnen und Juden hatten bei Ausbruch des Zweiten Weltkriegs in der USSR gelebt; in den Monaten nach Kriegsbeginn stieg ihre Zahl durch die sowjetische Annexion Ostpolens auf etwa 2,35 Millionen.[5] Der jüdische Bevölkerungsanteil lag damit bei sechs Prozent der Gesamtbevölkerung, ein Umstand, der darauf zurückging, dass diese Gebiete im russischen Zarenreich zum sogenannten Ansiedlungsrayon für Jüdinnen und Juden gezählt hatten.[6] Wenngleich als »ukrainische Juden« bezeichnet, stellte die jüdische Bevölkerung in den Gebieten der Ukraine keine homogene Gruppe dar.[7] Dies lag vor allem daran, dass die Ukraine seit dem 13. bis ins 20. Jahrhundert aus Territorien bestand, die zwischen unterschiedlichen Nachbarreichen respektive -staaten aufgeteilt waren.[8] So waren die heutigen – durch den Angriffskrieg Russlands seit 2022 abermals gewaltsam umkämpften – Gebiete der Ukraine zwischen dem sowjetisch-polnischen Frieden von 1921 und dem deutsch-sowjetischen Nichtangriffspakt von 1939 zwischen Polen (östliches Galizien und westliches Wolhynien), der Tschechoslowakei (Transkarpatien), Rumänien (nördliche Bukowina und südliches Bessarabien) und der Sowjetunion aufgeteilt. Bis auf die Krim-Halbinsel, die innerhalb der Sowjetunion Russland zugeschlagen wurde, bildeten die übrigen Regionen der Ukraine die USSR, in der das Gros der ukrainischen Jüdinnen und Juden beim Einmarsch der deutschen Truppen 1941 leb-

(Hrsg.): Ausbeutung, Vernichtung, Öffentlichkeit. Neue Studien zur nationalsozialistischen Lagerpolitik, München 2000, S. 135-173, hier: S. 135.

4 Vgl. ebd.

5 Vgl. ebd., S. 136.

6 Vgl. ebd.; Davies, Makhotina: Offene Wunden, S. 100.

7 Ray Brandon, Wendy Lower: Introduction, in: Dies. (Hrsg.): The Shoah in Ukraine. History, Testimony, Memorialization, Bloomington/Indiana 2008, S. 1-22, hier: S. 2.

8 Vgl. ebd., S. 1 f.

te.[9] Rund 85 Prozent von ihnen lebten zu diesem Zeitpunkt in Städten.[10]

Im russischen Zarenreich, während der revolutionären Unruhen 1905 sowie in der Folge des Ersten Weltkriegs hatte die jüdische Bevölkerung massiv unter Diskriminierung und Pogromwellen gelitten.[11] Infolgedessen hatten viele die traditionelle Welt der *Shtetel* hinter sich gelassen, waren in Großstädte gezogen oder in die USA emigriert.[12] Unter der Sowjetherrschaft änderte sich die Lebenssituation der jüdischen Bevölkerung nur bedingt: Das sowjetische Regime propagierte eine atheistische Staatsdoktrin, die antireligiöse und damit auch antijüdische Positionen tolerierte und bisweilen sogar förderte.[13] Anfängliches Ziel der Bolschewiki war es gewesen, eine jüdische Identität zu schaffen, die von der Religion entkoppelt war; so wurden einerseits staatliche jüdische Theater gefördert, andererseits Synagogen geschlossen.[14] Seit 1937 veränderte sich auch die ohnehin ambivalente Haltung der bolschewistischen Führung um Josef Stalin gegenüber der jüdischen Bevölkerung: In einer Zeit, in der der sowjetische Diktator und seine Gefolg-

9 Vgl. Pohl: Schauplatz Ukraine, S. 135.

10 Vgl. ebd., S. 135 f.; exemplarisch zur Stadt Berditschew s. Christ: Dynamik des Tötens.

11 Vgl. Kathrin Boeckh: Jüdisches Leben in der Ukraine nach dem Zweiten Weltkrieg. Zur Verfolgung einer Religionsgemeinschaft im Spätstalinismus (1945-1953), in: Vierteljahrshefte für Zeitgeschichte, 53 (2005), H. 3, S. 421-448, hier: S. 422-428; zu den Pogromen an den ukrainischen Jüdinnen und Juden zwischen 1918 und 1920 s. Götz Aly: Europa gegen die Juden 1880-1945, Frankfurt am Main 2017, S. 157-178; Wolfgang Benz: Juden und Judenfeinde. Von den Pogromen der Zarenzeit zum Holocaust, in: Ders. (Hrsg.): Die Ukraine. Kampf um Unabhängigkeit. Geschichte und Gegenwart, Berlin 2023, S. 135-152; zur Geschichte der jüdischen Bevölkerung Kyjiws im Zarenreich s. auch Natan M. Meir: Kiev, Jewish Metropolis. A History, 1859-1914, Bloomington/Indiana 2010.

12 Vgl. Christ: Dynamik des Tötens, S. 11 f.

13 Vgl. Boeckh: Jüdisches Leben, S. 421.

14 Vgl. VEJ 7: Einleitung, S. 17; Anna Shternshis: Soviet and Kosher: Jewish Popular Culture in the Soviet Union, 1923-1939, Bloomington/Indiana 2006, S. 70.

schaft zunehmend von der Allgegenwart vermeintlicher Feinde überzeugt waren, richtete sich ihr Misstrauen auch gegen die jüdische Minderheit in der Sowjetunion.[15] Den politischen »Säuberungen« Stalins fielen daher insbesondere im diplomatischen Dienst und im Volkskommissariat des Inneren Ende der 1930er Jahre überdurchschnittlich viele Jüdinnen und Juden zum Opfer.[16] Alle Gewalttaten, denen die jüdische Bevölkerung in der Ukraine bereits vor dem Zweiten Weltkrieg ausgesetzt gewesen war, wurden mit dem Einfall der Wehrmacht in ihren Dimensionen und ihrer Systematik jedoch übertroffen: Vom Tode bedroht waren Jüdinnen und Juden in allen Gebieten der Ukraine ab 1941 zuvorderst durch die Einsatzgruppen der Sicherheitspolizei und des SD, die im Gefolge der Heeresgruppen der Wehrmacht in die Sowjetunion einrückten.

Die Einsatzgruppen der Sicherheitspolizei und des SD

Wenngleich Adolf Hitler den Krieg gegen die Sowjetunion, das »Unternehmen Barbarossa«, so der Deckname der militärischen Operation, von Beginn an als Vernichtungskrieg angelegt hatte, lagen zum Völkermord an der jüdischen Bevölkerung zunächst wohl keine konkreten Pläne vor.[17] Dennoch kalkulierten die nationalsozialistischen Planungen zur Ausbeutung der sowjetischen Gebiete ihre Ermordung fest ein: Der »Generalplan Ost«, den Heinrich Himmler einen Tag vor dem Überfall auf die Sowjetunion bei einem Expertenstab im Reichssicherheitshauptamt (RSHA) und dem Agrarwissenschaftler Konrad Meyer in Auftrag gab, um die bereits 1940 entwickelten

15 Vgl. VEJ 7: Einleitung, S. 18.

16 Vgl. ebd.

17 Vgl. ebd., S. 25; s. zur Vorbereitung des »weltanschaulichen Vernichtungskriegs« Peter Longerich: Politik der Vernichtung. Eine Gesamtdarstellung der nationalsozialistischen Judenverfolgung, München 1998, S. 296-320.

Pläne zur »Ostsiedlung« zu aktualisieren, rechnete so etwa mit der »Beseitigung« von fünf bis sechs Millionen Jüdinnen und Juden[18] – eine Zahl, die damals in etwa der jüdischen Bevölkerung Polens und der Sowjetunion entsprach.[19] Um den Vernichtungsfeldzug gegen die sowjetische Zivilbevölkerung durchführen zu können, hatte Hitler bereits am 13. Mai 1941 verfügt, dass »im Raum ›Barbarossa‹« bei Verbrechen gegen die Zivilbevölkerung kein »Verfolgungszwang« durch Militärgerichte bestünde.[20] Unterstützt wurde diese Haltung durch den Chef des Oberkommandos der Wehrmacht (OKW), Wilhelm Keitel, der wenige Tage darauf in den Richtlinien für seine Truppen ein »rücksichtloses und energisches Durchgreifen gegen bolschewistische Hetzer, Freischärler, Saboteure, Juden« forderte.[21]

Gleichwohl sollten die Wehrmachtssoldaten nur im Gefechtsbereich selbst morden.[22] Für die rückwärtigen Armee- und Heeresgebiete wurden auf Geheiß von Hitler, Himmler und Reinhard Heydrich vier »Einsatzgruppen der Sicherheitspolizei und des SD« aufgestellt, die für Exekutionen zuständig sein sollten.[23] Erste Erfahrungen hatten die NS-Führer mit derartigen Kommandos bereits 1938/39 während des Einmarschs in

18 I/214 geh. Rs., Stellungnahme und Gedanken zum Generalplan Ost des Reichsführers SS, Berlin, 27.4.1942, abgedruckt in: Vierteljahrshefte für Zeitgeschichte, 6 (1958), H. 3, S. 297-324, hier: S. 300.

19 Vgl. VEJ 7: Einleitung, S. 25; Götz Aly, Susanne Heim: Vordenker der Vernichtung. Auschwitz und die deutschen Pläne für eine neue europäische Ordnung, Hamburg 1991, S. 397-421.

20 Der Führer und Oberste Befehlshaber der Wehrmacht, Erlaß über die Ausübung der Kriegsgerichtsbarkeit im Gebiet »Barbarossa« und über besondere Maßnahmen der Truppe, Führerhauptquartier, 13.5.1941, abgedruckt in: Gerd R. Ueberschär, Wolfram Wette (Hrsg.): »Unternehmen Barbarossa«. Der deutsche Überfall auf die Sowjetunion 1941. Berichte, Analysen, Dokumente, Paderborn 1984, S. 306.

21 Richtlinien des OKW/WFSt für das Verhalten der Truppe in Russland, 19.5.1941, abgedruckt in: VEJ 7, S. 120.

22 VEJ 7: Einleitung, S. 27.

23 Vgl. Hilberg: Vernichtung, S. 287-304.

Österreich und der Tschechoslowakei sowie dem Überfall auf Polen gemacht.[24] Den Richtlinien des OKW vom 13. März 1941 zufolge sollten nun auch im Rahmen des »Unternehmens Barbarossa« Einsatzgruppen operieren und im rückwärtigen Armee- und Heeresgebiet »Sonderaufgaben im Auftrage des Führers« durchführen, die sich »aus dem endgültig auszutragenden Kampf zweier entgegengesetzter politischer Systeme« ergäben.[25] Hierbei sollte den Einsatzgruppen möglichst freie Hand gelassen werden: So befahl der Oberbefehlshaber des Heeres, Walther von Brauchitsch, Ende April 1941 infolge einer Übereinkunft zwischen dem Oberkommando des Heeres (OKH) und dem RSHA,[26] dass die Einsatzgruppen und ihre Kommandos »im Rahmen ihres Auftrages in eigener Verantwortung Exekutivmaßnahmen gegenüber der Zivilbevölkerung zu treffen« hätten.[27] Das Militär sollte die Einsatzgruppen mitversorgen, »fachliche Weisungen« sollten dagegen nur vom Chef der Sicherheitspolizei und des SD, Reinhard Heydrich, empfangen werden.[28]

Nachdem die Vereinbarungen über die Zuständigkeit der Einsatzgruppen zwischen RSHA und Wehrmacht Ende Mai 1941 abgeschlossen waren, wurden die vier Einsatzgruppen A, B, C und D in der Grenzpolizeischule in Pretzsch an der Elbe beziehungsweise den Nachbarstädten Düben und Bad Schmiedeberg aufgestellt.[29] Ihre operativen Einheiten gliederten sich in Einsatzkommandos (Ek) und Sonderkommandos (Sk),

24 Vgl. Krausnick: Hitlers Einsatzgruppen, S. 13-88.

25 Richtlinien auf Sondergebieten zur Weisung Nr. 21 (Fall Barbarossa), 13.3.1941, abgedruckt in: Ueberschär, Wette: Unternehmen Barbarossa, S. 301.

26 Zu den »Kommunikationsketten« in diesem Zusammenhang s. Hilberg: Vernichtung, S. 297 f.

27 Regelung des Einsatzes der Sicherheitspolizei und des SD im Verbande des Heeres, 28.4.1941, abgedruckt in: Ueberschär, Wette: Unternehmen Barbarossa, S. 303 f.

28 Hilberg: Vernichtung, S. 298.

29 Vgl. ebd., S. 300; Krausnick: Hitlers Einsatzgruppen, S. 121; eine Einzelstudie liegt bislang nur zur Einsatzgruppe D vor, s. Andrej

die jeweils etwa 70 bis 120 Mann umfassten und wiederum in Teilkommandos von 20 bis 30 Mann unterteilt waren.[30] Während die Einsatzkommandos im rückwärtigen Heeresgebiet eingesetzt wurden, agierten die Sonderkommandos unmittelbar hinter der Front, im rückwärtigen Armeegebiet.[31] Die Mitglieder der Kommandos rekrutierten sich aus Beamten der Sicherheitspolizei und des SD sowie aus Männern der Waffen-SS und Ordnungspolizei, die die Kommandos verstärkten.[32] Augenfällig waren die Chefs der Einsatzgruppen, die größtenteils der Elite des NS-Regimes entstammten: Chef der Einsatzgruppe A war Walter Stahlecker, der schon 1938/39 beim Einmarsch in die Tschechoslowakei Einsatzgruppen befehligt hatte, Einsatzgruppe B wurde von Reichskriminaldirektor Arthur Nebe geführt, Einsatzgruppe C unterstand dem Juristen, SS-Brigadeführer und Generalmajor der Polizei Dr. Dr. Otto Rasch (ab Oktober 1941 abgelöst durch SS-Brigadeführer Dr. Max Thomas) und Einsatzgruppe D wurde vom Chef des SD-Inland Dr. Otto Ohlendorf befehligt.[33] Während die Einsatzgruppen A im Baltikum und B in Weißrussland eingesetzt waren, operierten C und D in den Gebieten der Ukraine (Abb. 1), die ab September 1941 von den deutschen Besatzern als »Reichskommissariat Ukraine« militärverwaltet wurden (die 1939 von der Sowjetunion annektierten Gebiete Ostpolens wurden dem Generalgouvernement Polen eingegliedert).[34]

Angrick: Besatzungspolitik und Massenmord. Die Einsatzgruppe D in der südlichen Sowjetunion 1941-1943, Hamburg 2003.

30 Vgl. Hilberg: Vernichtung, S. 300; VEJ 7: Einleitung, S. 28.

31 Vgl. Peter Klein: Einleitung, in: Ders. (Hrsg.): Die Einsatzgruppen in der besetzten Sowjetunion 1941/42, S. 9-28, hier: S. 19.

32 Vgl. VEJ 7: Einleitung, S. 28.

33 Vgl. ebd.; Hilberg: Vernichtung, S. 300-304.

34 Zur Verfolgung der Jüdinnen und Juden in den annektierten Gebieten Ostpolens s. insbesondere Bartov: Anatomy of a Genocide; Berkhoff: Harvest of Despair; Dieter Pohl: Nationalsozialistische Judenverfolgung in Ostgalizien 1941-1944. Organisation und Durchführung eines staatlichen Massenverbrechens, 2. Aufl., München 1997 (zuerst 1996); Thomas Sandkühler: »Endlösung« in Galizien.

Konkret bestanden die »Sonderaufgaben des Führers«, welchen die Kommandos der Einsatzgruppen nachkommen sollten, darin, »reichsfeindliche Personengruppen« systematisch zu ermorden, damit allen voran gemeint die jüdische Bevölkerung der Sowjetunion.[35] In einem Schreiben an die Höheren SS- und Polizeiführer (HSSPF) vom 2. Juli 1941 listete Heydrich die in der Sowjetunion umzubringenden Personengruppen auf: Neben leitenden und mittleren Funktionären aus Partei und Staat sollten alle »radikalen Elemente (Saboteure, Propagandeure, Heckenschützen, Attentäter, Hetzer usw.)« sowie »Juden in Partei- und Staatsstellungen« exekutiert werden – ein Befehl, der viel Interpretationsspielraum ließ.[36]

In der Ukraine waren die Kommandos der Einsatzgruppe C federführend bei den Massenmorden an der jüdischen Bevölkerung.[37] Rund eine Million Jüdinnen und Juden lebte allein in ihrem Befehlsbereich in den besetzten Gebieten der 6. und der 17. Armee in der mittleren und nördlichen Ukraine.[38] Die Einsatzgruppe C setzte sich aus dem Gruppenstab, den Sk 4a und 4b sowie den Ek 5 und 6 zusammen.[39] Personelle Verstärkung erhielten die Kommandos durch Züge der 3. Kompanie des Reservepolizeibataillons 9 und der 3. Kompanie des Bataillons der Waffen-SS.[40] Insgesamt verfügte die Einheit damit über eine Gruppenstärke von 700 bis 800 Mann.[41] Die ersten Massenexekutionen durch Kommandos der Einsatzgruppen richteten sich

Der Judenmord in Ostpolen und die Rettungsinitiativen von Berthold Beitz 1941-1944, Bonn 1996; Shmuel Spector: The Holocaust of Volhynian Jews 1941-1944, Jerusalem 1990.

35 Vgl. Pohl: Einsatzgruppe C, S. 72.

36 Schreiben (Geheime Reichssache) des CdS, gez. Heydrich, an die HSSPF Jeckeln, v.d. Bach, Prützmann, Korsemann, 2.7.1941, abgedruckt in: VEJ 7, S. 145-148; vgl. Pohl: Schauplatz Ukraine, S. 138-140; VEJ 7: Einleitung, S. 26f.

37 Vgl. Pohl: Schauplatz Ukraine, S. 151.

38 Vgl. Pohl: Einsatzgruppe C, S. 73.

39 Vgl. ebd., S. 71; Krausnick: Hitlers Einsatzgruppen, S. 125, 162.

40 Vgl. Pohl: Einsatzgruppe C, S. 71.

41 Vgl. ebd.

in der Ukraine, so wie in anderen besetzten Sowjetgebieten, ab Ende Juni 1941 gegen »sowjetische Funktionäre« sowie die angebliche »jüdische Intelligenz« und betrafen fast ausschließlich Männer im wehrfähigen Alter.[42] Ab August weiteten sich die Massaker schließlich auch auf Frauen und Kinder aus, womit der systematische Völkermord begann.[43] Als »mobile Tötungseinheiten« zogen die Kommandos der Einsatzgruppen nun von Stadt zu Stadt und ermordeten »in einzigartiger Partnerschaft mit der Wehrmacht«[44] sowie mit Bataillonen der Ordnungspolizei, die in der Ukraine dem HSSPF Russland Süd, Friedrich Jeckeln, unterstand,[45] ganze jüdische Gemeinden.

Der Großteil der ukrainischen Jüdinnen und Juden wurde damit, anders als in Westeuropa etwa, nicht deportiert und Hunderte Kilometer von ihrem Zuhause in Konzentrations- und Vernichtungslagern ermordet, sondern in unmittelbarer Nähe zu ihren Heimatorten erschossen – am helllichten Tag und meist nur dürftig abgeschirmt in aller Öffentlichkeit.[46] Nach einer ersten »Tötungswelle« zwischen Juli und Dezember 1941, in der die Einsatzgruppe C die jüdischen Gemeinden der ukrainischen Großstädte nahezu ausgelöscht hatte, veränderten sich im Frühjahr 1942 ihre organisatorischen

42 Vgl. ebd., S. 73.

43 VEJ 7: Einleitung, S. 29; zum Zeitpunkt des Tötungsbefehls s. Ogorreck: Einsatzgruppen, S. 220.

44 Hilberg: Vernichtung, S. 296.

45 Zu Friedrich Jeckeln und der Kooperation von Ordnungspolizei und Kommandos der Einsatzgruppen s. Lower: Nazi Empire-Building, S. 73-78; Alexander Kruglov: Jewish Losses in Ukraine 1941-1944, in: Brandon, Lower (Hrsg.): The Shoah in Ukraine, S. 272-290, hier: 275 f.; zur Geschichte der Ordnungspolizei s. insb. Christopher Browning: Ganz normale Männer. Das Reserve-Polizeibataillon 101 und die »Endlösung« in Polen, 2. Aufl. (Taschenbuch), Hamburg 2020 (US-amerikanische Erstveröffentlichung 1992), S. 29-46; s. darüber hinaus zur Kooperation mit SS-Brigaden Martin Cüppers: Wegbereiter der Shoah. Die Waffen-SS, der Kommandostab Reichsführer-SS und die Judenvernichtung 1939-1945, Darmstadt 2005, S. 142-188.

46 Vgl. Christ: Dynamik des Tötens, S. 14.

Strukturen:[47] Nicht nur fanden umfangreiche Personalwechsel innerhalb der Kommandos statt, sondern es wurden auch stationäre Dienststellen von Sicherheitspolizei und SD eingerichtet, die den mobilen Charakter der Tötungseinheiten ablösten.[48] Ab Frühjahr 1942 setzten die NS-Eliten zunehmend auf andere Mordstrategien. So wurden im Generalgouvernement Polen im Rahmen der »Aktion Reinhardt« die Vernichtungslager Bełżec, Sobibór und Treblinka errichtet.[49] In Bełżec wurden allein 1942 eine viertel Million Jüdinnen und Juden aus Galizien (ehemals Westukraine) vergast.[50]

Akribisch dokumentiert wurden die mörderischen Tätigkeiten der Einsatzgruppen in Berichten, die von den Einsatzgruppen- bzw. Teilkommandoführern an das RSHA übermittelt wurden.[51] Wenngleich diese Berichte selbst kaum überliefert sind, wurden sie zwischen dem 23. Juni 1941 und dem 24. April 1942 harmlos klingend als »Ereignismeldungen UdSSR« zusammengefasst und vom RSHA als Informationsberichte an einen breiten Adressatenkreis von SS und Sicherheitspolizei versandt.[52] Heute sind insgesamt 250 dieser Berichte überliefert, die zusammen mehrere tausend Blatt umfassen.[53] Die in ihnen als Heldentaten gerühmten Verbrechen der Einsatzgruppen gewähren detaillierte Einblicke in die Dimensionen und Abläufe

47 Vgl. zum zeitlichen Ablauf der Einsatzgruppenverbrechen Arad: Holocaust in the Soviet Union, S. 125-132.

48 Vgl. Krausnick: Hitlers Einsatzgruppen, S. 168 f.; Pohl: Einsatzgruppe C, S. 81.

49 Stephan Lehnstaedt: Der Kern des Holocaust. Bełżec, Sobibór, Treblinka und die Aktion Reinhardt, München 2017, S. 32, 52-62; s. auch Hilberg: Vernichtung, S. 333 ff.; VEJ 7: Einleitung, S. 39.

50 Vgl. Kruglov: Jewish Losses, S. 281.

51 Vgl. Klaus-Michael Mallmann u. a.: Die Optik der Täter. Quellenkritische Vorbemerkungen, in: Dies. (Hrsg.): Die »Ereignismeldungen UdSSR« 1941. Dokumente der Einsatzgruppen in der Sowjetunion, 3 Bde., Bd. 1, Darmstadt 2011, S. 7-38, hier: S. 11 f.

52 Vgl. Klein: Einleitung, S. 10.

53 Vgl. ebd., S. 9.

der Verbrechen.[54] In seiner Aufstellung über die Jüdinnen und Juden, die zwischen 1941 und 1944 in den Gebieten der Ukraine durch die Nationalsozialisten und ihre Verbündeten ermordet wurden, geht der ukrainische Historiker Alexander Kruglov von einer Gesamtzahl von 1,6 Millionen aus.[55] In der zweiten Hälfte des Jahrs 1941 hatte allein die Einsatzgruppe C hiervon bereits 95.000 ermordet;[56] nach eigenen Angaben stieg diese Zahl im Verantwortungsbereich der Einsatzgruppe C im weiteren Verlauf des Vernichtungskriegs auf rund 118.000.[57]

Das Sonderkommando 4a der Einsatzgruppe C

Im Befehlsbereich der Einsatzgruppe C wurde ab Sommer 1941 das Sonderkommando 4a zum »zentralen Mordkommando«.[58] Unter allen Kommandos entwickelte das Sk 4a »fraglos die größte ›Aktivität‹« – allein bis zum 30. November 1941 meldete es 59.018 Personen als erschossen.[59] Dies lag zum einen an der besonderen Radikalität des Personals des Sk 4a, zum anderen aber auch an der Tatsache, dass in ihrem Marschgebiet besonders viele Jüdinnen und Juden lebten.[60] An der Spitze des Sk 4a stand Kommandoführer Paul Blobel. Blobel, ursprünglich Architekt aus Solingen, hatte nachweislich bereits 1932 zu den Mitarbeiten des SD gehört und galt, so ein vom späteren Personalchef des RSHA, Bruno Streckenbach (seinerzeit Führer des SD-Oberabschnitts West), verfasster SD-Personalbericht

54 Für eine quellenkritische Einordnung der »Ereignismeldungen UdSSR« s. Mallmann u. a.: Optik der Täter, S. 9-19.
55 Vgl. Kruglov: Jewish Losses, S. 273.
56 Vgl. ebd., S. 280.
57 Vgl. Pohl: Einsatzgruppe C, S. 77.
58 Ebd., S. 75.
59 Krausnick: Hitlers Einsatzgruppen, S. 167.
60 Vgl. Pohl: Einsatzgruppe C, S. 73; ders.: Schauplatz Ukraine, S. 151; Krausnick: Hitlers Einsatzgruppen, S. 125, 162-169; Yaacov Lozowick: Rollbahn Mord: The Early Activities of Einsatzgruppe C, in: Holocaust and Genocide Studies, 2 (1987), H. 2, S. 221-241.

aus dem Jahr 1939, als »energische Persönlichkeit«, die »hart mit sich selbst« sei und »höchste Anforderungen in bezug auf Dienstauffassungen gegen sich und seine SD-Männer« stellte.[61]

Neben Blobel waren vor allem seine ihm untergebenen – dabei jedoch relativ autonom handelnden – Teilkommandoführer für die Massenmorde des Sk 4a verantwortlich.[62] Die meisten dieser Führer, darunter die später in Darmstadt angeklagten Kuno Callsen, Adolf Janssen und Kurt Hans, waren als Lehrgangsteilnehmer der Sicherheitspolizeischule in Berlin-Charlottenburg zum »Osteinsatz« abkommandiert worden.[63] »Diese Lehrgänge«, so fassten es die Darmstädter Richter in ihrem Urteil von 1968 zusammen, »waren vom RFSS [Heinrich Himmler] 1940 eingerichtet worden, um abweichend von der üblichen Vorbildung für den höheren Staatsdienst Nachwuchskräfte heranzubilden, die neben ihrer Befähigung (Reifeprüfung) vor allem wegen ihrer politisch-weltanschaulichen Einstellung zum Nationalsozialismus geeignet erschienen, später leitende Stellen in der Sicherheitspolizei und im SD einzunehmen.«[64]

61 Zit. nach Michael Okroy: Vor 50 Jahren in Nürnberg. Der Einsatzgruppenprozess und Paul Blobel, in: Tribüne. Zeitschrift zum Verständnis des Judentums, 36 (1997), H. 142, S. 21-32, hier: S. 29.

62 Vgl. Pohl: Einsatzgruppe C, S. 75.

63 Vgl. Wildt: Generation des Unbedingten, S. 283, 550.

64 Gerichtsentscheidungen LG Darmstadt, Tatkomplex Massenvernichtungsverbrechen durch Einsatzgruppen, Kriegsverbrechen, vom 29.11.1968, Ks 1/67 (GStA), abgedruckt in: Christiaan F. Rüter, Dick de Mildt (Hrsg.): Justiz und Verbrechen. Sammlung deutscher Strafurteile wegen nationalsozialistischer Tötungsverbrechen 1945-1999, 63 Bde., Bd. 31: Die vom 31.10.1968 bis zum 14.3.1969 ergangenen Strafurteile Lfd. Nr. 694-702, Amsterdam, München 2004, S. 7-275, hier: S. 10. Im Nachfolgenden wird die Paginierung der edierten Urteilsschrift zitiert (kurz: JuNSV XXXI). Zum Ausbildungsschwerpunkt »weltanschauliche Erziehung« s. Jürgen Matthäus: Die »Judenfrage als Schulungsthema von SS und Polizei. »Inneres Erlebnis« und Handlungslegitimation, in: Ders. u. a.: Ausbildungsziel Judenmord? »Weltanschauliche Erziehung« von SS, Polizei und Waffen-SS im Rahmen der »Endlösung«, Frankfurt am Main 2003, S. 35-86.

Die im Herbst 1940 in Kraft gesetzte Ausbildungsvorschrift des RSHA bestimmte, dass folgende Bereiche durch den Lehrgang abgedeckt sein mussten: »1. SS-mäßig weltanschauliche Erziehung, 2. fachwissenschaftliche Ausbildung, 3. berufspraktische Ausbildung, 4. sportliche Ausbildung«, ergänzt durch das Erlernen einer Fremdsprache.[65] Nach nur etwa drei Jahren sollten die Anwärter die straffe Ausbildung durch ein »Referendarexamen« abschließen, das ihnen eine Laufbahn im höheren Dienst des NS-Staats, beginnend mit dem Amt eines Regierungsrats (SS-Sturmbannführer), ermöglichte.[66] Generationell gehörten die »Charlottenburger« den Jahrgängen 1910 bis 1915 an.[67] Viele von ihnen hatten sich früh der NS-Bewegung angeschlossen und hofften nun als »Seiteneinsteiger« auf eine rasche Karriere bei der Polizei oder dem SD.[68] Zum einen wies diese Gruppe dadurch eine hohe Loyalität zum NS-Staat auf, zum anderen stand sie bezüglich ihrer Karrieren im NS-Regime aber auch unter Bewährungsdruck.[69] Nur 35 der rund 90 Männer, die zum Ausbildungsgang einberufen worden waren, schlossen im Sommer 1943 tatsächlich ihr Examen ab, unter ihnen Kuno Callsen.[70] Der Einsatz der »Charlottenburger« in den Kommandos der Einsatzgruppen bis Ende September 1941 war im Rahmen ihrer Ausbildung als eine Art »Praxissemester« verbucht worden;[71] im Oktober 1942 hatte Bruno Streckenbach die jungen Anwärter als Personalchef des RSHA hierfür ausdrücklich gelobt: Sie alle hätten sich während ihres Osteinsatzes »ausnahmslos hervorragend bewährt«.[72] In der frühen Bundesrepublik avancierte der Kreis der »Charlottenburger« erneut zu

65 Zit. nach Jens Banach: Heydrichs Elite. Das Führerkorps der Sicherheitspolizei und des SD 1936-1945, Paderborn u.a. 1998, S. 313.
66 JuNSV XXXI, S. 10f.
67 Vgl. Wildt: Generation des Unbedingten, S. 550.
68 Vgl. Neumann, Peckl, Priemel: Praxissemester »Osteinsatz«, S. 15.
69 Vgl. ebd.
70 Vgl. Banach: Heydrichs Elite, S. 318-324.
71 Vgl. Neumann, Peckl, Priemel: Praxissemester »Osteinsatz«.
72 Zit. nach VEJ 7: Einleitung, S. 28.

einem einflussreichen Netzwerk.[73] Viele von ihnen machten eine zweite Karriere, etwa im Bundeskriminalamt (BKA), in dem eine ganze Reihe von Leitungsstellen bis hinauf zum Vizepräsidenten des BKA mit ihnen besetzt war.[74]

Das Sk 4a zog mit der Einsatzgruppe C, die am 23. Juni 1941 in Marsch gesetzt wurde, von Bad Schmiedeberg über Breslau bis nach Krakau.[75] Von hier aus verfolgte das Kommando als eigenständige Einheit eine Marschroute über die Städte Sokal, Luzk, Riwne, Swjahel, Schytomyr und Kyjiw und gelangte bis Jahresende über Poltawa nach Charkiw (Abb. 1 und 2). In all diesen Städten und ihren jeweiligen Umgebungen hinterließ das Sk 4a seine Blutspur: Bereits am ersten »Einsatzort« Sokal wurden Ende Juni 1941 317 Kommunisten beziehungsweise »jüdische Kommunisten« erschossen, in Luzk wurden unter dem Vorwand der Ahndung von Plünderungen und Bränden pauschal 300 jüdische Männer erschossen und in Riwne fielen dem Kommando Anfang Juli 1941 mindestens 100 weitere jüdische Männer zum Opfer.[76] Bei derartigen Massenmorden des Sk 4a bestand Übereinkunft mit der Wehrmacht;[77] Gene-

73 S. zum gesellschaftspolitischen Einfluss der »Charlottenburger« in der frühen Bundesrepublik etwa Sybille Steinbacher: Wie der Sex nach Deutschland kam. Der Kampf um Sittlichkeit und Anstand in der frühen Bundesrepublik, München 2011, S. 252 ff.; grundsätzlich zu den personellen Kontinuitäten s. Dieter Schenk: Die braunen Wurzeln des BKA, Frankfurt am Main 2003; Anton Maegerle: Die braune Vergangenheit des BKA. Das Bundeskriminalamt arbeitet seine Geschichte auf, in: Tribüne. Zeitschrift zum Verständnis des Judentums, 46 (2007), H. 184, S. 107-118; Stephan Linck: Die Stammtisch-Geschichte der »Alten Charlottenburger«. Ein Netzwerk in Westdeutschland, in: Klaus-Michael Mallmann, Andrej Angrick (Hrsg.): Die Gestapo nach 1945. Karrieren, Konflikte, Konstruktionen, Darmstadt 2009, S. 105-121; Imanuel Baumann u.a: Schatten der Vergangenheit. Das BKA und seine Gründungsgeneration in der frühen Bundesrepublik, Köln 2011.

74 Vgl. ebd.

75 Vgl. Ogorreck: Einsatzgruppen, S. 130.

76 Vgl. ebd., S. 130 f.

77 Grundlegend zu den Verbrechen der Wehrmacht in der Sowjetunion s. Hamburger Institut für Sozialforschung (Hrsg.): Verbrechen der

ralfeldmarschall Walter von Reichenau, Oberbefehlshaber der 6. Armee, hatte im August 1941 sogar persönlich die Ermordung von 90 jüdischen Kindern in der südlich von Kyjiw gelegenen Stadt Bila Zerkwa angeordnet, deren Eltern zuvor von Männern des Sk 4a erschossen worden waren.[78]

Zwar blieb jedes Massaker in Bezug auf die Todesängste und Qualen der Opfer beispiellos, doch verliefen die jeweiligen Mordaktionen der Einsatzgruppen-Kommandos nach ähnlichen Mustern. In den ersten Wochen des Vernichtungsfeldzugs wurden die Massenmorde noch auf »militärische Weise« durchgeführt: Die vor allem männlichen Opfer mussten sich vor bereits ausgehobenen Gräbern an den Rändern der Orte aufstellen oder hinknien und wurden daraufhin auf Feuerbefehl eines SS-Führers durch ein Exekutionskommando erschossen.[79] Diese Mordpraxis wurde mit der Ausweitung der Opfergruppen ab August 1941 modifiziert; die Verfolgten wurden nun systematisch – häufig unter dem Vorwand einer geplanten Umsiedlung – zusammengetrieben, ihrer Wertgegenstände beraubt, mussten sich entkleiden und wurden dazu gezwungen, selbst in die Massengräber zu steigen. Dort sollten sie sich mit dem Gesicht zur Erde legen und wurden schließlich durch Maschinenpistolen auf Distanz vom Grubenrand aus erschossen – nicht zuletzt, um den Eindruck einer »persönlichen Verantwortung« seitens der Mörder zu vermeiden.[80] War eine Reihe in der Grube gefüllt, so mussten sich die nachfolgenden Opfer auf

Wehrmacht. Dimensionen des Vernichtungskrieges 1941-1944. Ausstellungskatalog, Hamburg 2002.

78 Vgl. Bericht des 1. Generalstabsoffiziers der 295. Inf. Div., gez. Groscurth, an den Oberbefehlshaber der 6. Armee, Walter von Reichenau, 21.8.1941, abgedruckt in: VEJ 7, S. 253-257; Hartmut Rüß: Wer war verantwortlich für das Massaker von Babij Jar? in: Militärgeschichtliche Mitteilungen, 57 (1998), S. 483-508, hier: S. 500; zur Arbeitsteilung von SS und Wehrmacht: Ebd., S. 506; Hamburger Institut für Sozialforschung (Hrsg.): Verbrechen der Wehrmacht, S. 598; Hoppe: Babyn Jar, S. 8.

79 Vgl. Streim: Verbrechen der Einsatzgruppen, S. 72.

80 Vgl. ebd., S. 72f.; Hilberg: Vernichtung, S. 334.

die bereits Erschossenen legen.[81] Um die Psyche der Mörder zu »schonen«, wurden zudem alternative Mordpraktiken erprobt: Zum einen wurden unter Blobel in Kooperation mit dem Leiter des Gerichtlich-Medizinischen Instituts der Militärärztlichen Akademie in Berlin, Dr. Gerhart Panning, tödliche Menschenversuche mit Infanteriesprengmunition durchgeführt.[82] Zum anderen standen dem Sk 4a etwa seit Herbst 1941 (so wie auch anderen Kommandos der Einsatzgruppen) Gaswagen zur Verfügung, in denen die Opfer durch Kohlenmonoxid vergiftet wurden.[83] Diese Wagen wiesen jedoch so viele technische Mängel auf, dass die Erschießungen nahezu unverändert fortgesetzt wurden.[84]

Zum Sinnbild für die Dimensionen der Einsatzgruppenverbrechen wurde die am Stadtrand von Kyjiw gelegene Schlucht Babyn Jar.[85] Am 29. und 30. September 1941 wurden in dieser Schlucht binnen zweier Tage 33.771 jüdische Männer, Frauen und Kinder erschossen.[86] Auch dieses größte Einzelmassaker

81 Vgl. Streim: Verbrechen der Einsatzgruppen, S. 72f.

82 Vgl. ebd., S. 74; Eugen Kogon, Hermann Langbein, Adalbert Rückerl (Hrsg.): Nationalsozialistische Massentötungen durch Giftgas. Eine Dokumentation, Frankfurt am Main 1983, S. 81-86; die Ergebnisse Pannings wurden 1942 samt Abbildungen der Leichen veröffentlicht, s. Gerhart Panning: Wirkungsform und Nachweis der sowjetischen Infanteriesprengmunition. Mit 12 Abbildungen, in: Der Deutsche Militärarzt, 7 (1942), S. 20-30.

83 Vgl. Bericht des Amts II D des RSHA (Geheime Reichssache), gez. Dr. Becker, z.Zt. Kiew, an Rauff, Kriminaltechnisches Institut des RSHA, Berlin, 16.5.1942, abgedruckt in: VEJ 7, S. 470f.; zu den Gaswagen s. auch Mathias Beer: Die Entwicklung der Gaswagen beim Mord an den Juden, in: Vierteljahrshefte für Zeitgeschichte, 35 (1987), H. 3, S. 403-417.

84 Vgl. Pohl: Einsatzgruppe C, S. 76.

85 Zum Massaker von Babyn Jar s. etwa Hartmut Rüss: Kiev/Babij Jar 1941, in: Gerd R. Ueberschär (Hrsg.): Orte des Grauens. Verbrechen im Zweiten Weltkrieg, Darmstadt 2003, S. 102-111; Patrick Dempsey: Babi Yar. A Jewish Catastrophe, Measham 2005; Hoppe: Babyn Jar, S. 5-22; Vladyslav Hrynevych, Paul Robert Magocsi (Hrsg.): Babyn Yar. History and Memory, Kyjiw 2016.

86 Vgl. Hoppe: Babyn Jar, S. 14.

des Holocaust wurde vom Sk 4a maßgeblich organisiert und durchgeführt: Nachdem nach Einmarsch der Wehrmacht in Kyjiw zwischen dem 20. und 24. September vom sowjetischen Geheimdienst gelegte Zeitzünderminen in der Innenstadt explodiert waren, darunter im Sitz des Oberkommandos der 6. Armee (AOK 6), beschlossen der Stadtkommandant von Kyjiw, Generalmajor Kurt Eberhard, Blobel, Jeckeln und Angehörige der Einsatzgruppe C sowie der Wehrmacht »Vergeltungsmaßnahmen« für die Bombenanschläge, denen nicht wenige deutsche Soldaten zum Opfer gefallen waren.[87] Mindestens 50.000 Jüdinnen und Juden der Kyjiwer Gemeinde, die man auf bis zu 150.000 Mitglieder schätzte, sollten ermordet werden.[88] Die Mordaktion wurde durch das Sk 4a sorgfältig vorbereitet. »Desinformation«, so der US-amerikanische Historiker Timothy Snyder, war dabei »der Schlüssel für die ganze Aktion«.[89] Aufgerufen durch Plakatanschläge, welche die Betroffenen glauben ließen, sie würden umgesiedelt werden, fanden sich am Morgen des 29. September nahezu alle Jüdinnen und Juden, die nicht vor den Deutschen geflohen oder in den Selbstmord getrieben worden waren, an einer Straßengabelung am westlichen Stadtrand Kyjiws ein. In unmittelbarer Nähe dieses Sammelpunkts lagen sowohl ein Güterbahnhof als auch mehrere Friedhöfe sowie die Schlucht Babyn Jar (deutsch: »Altweiberschlucht«): ein sandiges Terrain, in das sich über die Jahrhunderte eine metertiefe Erosionsrinne gegraben hatte.[90] Das Gelände wurde durch das Sk 4a zum Exekutionsort umfunktioniert: In der Nähe des Sammelplatzes wurde ein

87 Vgl. ebd., S. 8; s. hierzu auch Klaus Jochen Arnold: Die Eroberung und Behandlung der Stadt Kiew durch die Wehrmacht im September 1941: Zur Radikalisierung der Besatzungspolitik, in: Militärgeschichtliche Mitteilungen, 58 (1999), S. 23-63.

88 Vgl. Hoppe: Babyn Jar, S. 8.

89 Timothy Snyder: Bloodlands. Europa zwischen Hitler und Stalin 1933-1945, 7. Aufl., München 2022 (US-amerikanische Erstveröffentlichung 2010), S. 212.

90 Vgl. Hoppe: Babyn Jar, S. 5 f.

Panzergraben mit einem Stacheldrahtverhau zu einer Sperre umgebaut, durch die Gruppen von je 200 bis 500 Personen an den südlichen Ausläufer der Schlucht getrieben wurden – wer diese Sperre passierte, wurde aus dem abgeschirmten und von bewaffneten deutschen und ukrainischen Polizisten und Wehrmachtsangehörigen umstellten Gelände nicht mehr hinausgelassen.[91] Viele der Jüdinnen und Juden wurden erst auf dem Gelände gewahr, dass sie ermordet werden sollten.[92] Verantwortlich hierfür waren die Männern des Sk 4a sowie der Polizeibataillone 45, 303 und 314.[93] Nachdem am 29. September bereits 22.000 Menschen ermordet worden waren, ließ Blobel die Mordaktion bei Sonnenuntergang abbrechen; die übriggebliebenen Menschen wurden in Garagen nahe dem Gelände gepfercht und am nächsten Tag ermordet.[94] Im Anschluss an das Massaker sprengten Pioniere der Wehrmacht die Ränder der Schlucht, um die Leichen mit Sand zu begraben.[95] Von den 33.771 Menschen – die ungewöhnlich exakte Zahl wurde wohl erhoben, als die Opfer die Sperre passierten – sind kaum Überlebende bekannt. Eine der wenigen, Dina Proničeva, legte am 29. April 1968 im Callsen-Prozess vor dem Schwurgericht Darmstadt Zeugnis ab:

»Man hörte solches Stöhnen, dass einem die Haare zu Berg standen. Als ich auf die Leichen fiel, wurde ich mit Blut übergossen; das Blut drang sogar in meinen Mund und ich musste erbrechen. Ich habe aber verstanden, dass diejenigen welche noch am Leben waren und stöhnten, erschossen wurden. Mein Selbsterhaltungstrieb befahl mir, meine Kraft zu sammeln, mich nicht zu bewegen und ganz regungslos zu bleiben. Ein Deutscher kam zu mir und drehte mich um. Ich gab keinen Laut von mir und stellte mich tot. Er stellte sich mit seinen Stiefeln auf meine Brust und auf meine Hand. Ich blieb reglos.

91 Vgl. ebd., S. 14.
92 Vgl. Snyder: Bloodlands, S. 213.
93 Vgl. Hoppe: Babyn Jar, S. 8.
94 Vgl. ebd., S. 15.
95 Vgl. ebd.

Er blieb weiter auf mir stehen und schlug mich. Dann schrie er einem anderen zu, sie mögen nun Erde draufschütten.«[96] Proničevas Zeugnis gibt einen einzigartigen und in seiner physischen Unmittelbarkeit erschütternden Einblick in die Vorgänge in der Schlucht von Babyn Jar.[97]

Selbst von den Leichen blieb schließlich kaum eine Spur. Im Sommer 1943 kehrte SS-Standartenführer Paul Blobel, diesmal als Leiter der »Aktion 1005«, noch einmal nach Kyjiw zurück.[98] Seine Tötungseinheit hatte 1941 im Sinne der NS-Führung zwar »ganze Arbeit« geleistet, die Spuren der Massaker, die »Gräberfelder«, die sie in der Ukraine hinterlassen hatte, wurden jedoch – so wie in der Sowjetunion überhaupt – ab der Jahreswende 1941/42 angesichts des sich abzeichnenden Scheiterns des »Russlandfeldzugs« zu einem ernsthaften Problem für das NS-Regime.[99] Die Sowjetführung war nämlich in der Lage, die Massenmorde der Einsatzgruppen »propagandistisch und diplomatisch zu nutzen«: Sie erwiesen sich, so der Historiker Andrej Angrick, als »ideales Werkzeug, um den verbrecherischen Charakter der nationalsozialistischen Diktatur und ihres

96 HStAD, H13 Darmstadt, 1291-138, Protokoll der Hauptverhandlung, 29.4.1968, Bl. 1766; s. zu Dina Proničeva Karel C. Berkhoff: Dina Pronicheva's Story of Surviving the Babi Yar Massacre: German, Jewish, Soviet, Russian, and Ukrainian Records, in: Brandon, Lower (Hrsg.): The Shoah in Ukraine, S. 291-317; Karel C. Berkhoff: Aussage in der Heimat der Täter. Dina Proničeva im Callsen-Prozess, in: Osteuropa, 71 (2021), H. 1-2, S. 41-61. In letztgenannter Ausgabe finden sich Abdrucke des gesamten Zeugnisses sowie eines Presseberichts über das Zeugnis aus der Regionalzeitung *Darmstädter Echo*.

97 Vgl. Snyder: Bloodlands, S. 214. Synder beruft sich, anders als in den »Ereignismeldungen« überliefert, auf eine Zahl von 33.761 in Babyn Jar ermordete Menschen.

98 S. hierzu ausführlich Jens Hoffmann: »Das kann man nicht erzählen«. »Aktion 1005« – Wie die Nazis die Spuren ihrer Massenmorde in Osteuropa beseitigten, Hamburg 2008, S. 107-119, sowie Andrej Angrick: »Aktion 1005« – Spurenbeseitigung von NS-Massenverbrechen 1942-1945. Eine »geheime Reichssache« im Spannungsfeld von Kriegswende und Propaganda, 2 Bde., Bd. 1, Göttingen 2018, S. 346-399.

99 Ebd., S. 64ff.

Besatzungsregimes zu enthüllen und damit die Solidarität der Weltgemeinschaft« einzufordern.[100] Um die 1941 versäumte Spurenbeseitigung der Verbrechen zu korrigieren, betraute der Chef des RSHA, Reinhard Heydrich, Paul Blobel wohl im April 1942 mit dem Geheimauftrag, in einer großangelegten Aktion alle Massengräber in Osteuropa ausfindig zu machen, die Leichen darin zu beseitigen und damit die Spuren der Verbrechen zu verwischen.[101] In der Behördensprache der NS-Führung war hierfür alsbald von der besagten »Aktion 1005« respektive dem »Sonderkommando 1005« die Rede.[102] Als Blobel im Sommer 1943 mit seinen Unterkommandos 1005a und 1005b in Kyjiw eintraf, wurde das Gebiet um Babyn Jar erneut mit Sichtblenden versehen.[103] Auf meterhohen Scheiterhaufen, konstruiert aus Eisenbahnschienen und Holz, wurden von jüdischen Zwangsarbeitern anschließend bis zu 3.000 exhumierte Leichen auf einmal verbrannt.[104] Am 26. September 1943, fast auf den Tag genau zwei Jahre nach dem großen Massaker von Babyn Jar, brannte der letzte dieser Scheiterhaufen auf dem Gelände.[105] Die nicht verbrannten Knochen der Leichen wurden mit Mühlen zermahlen und in die sandige Schlucht zurückgeschüt-

100 Ebd., S. 65.
101 Vgl. ebd., S. 73.
102 Vgl. ebd.
103 Vgl. Hoppe: Babyn Jar, S. 20.
104 Vgl. ebd., S. 20 f.; s. hierzu auch Protokoll der Befragung von Vladimir J. Davydov durch den Abteilungsleiter des NKGB der Ukrainischen SSR im Gebiet Kiew, gez. Davrenko, 9.11.1943, abgedruckt in: VEJ, Bd. 8: Sowjetunion mit annektierten Gebieten II, bearb. von Bert Hoppe, unter Mitarbeit von Inke Hansen, Martin Holler, Berlin, Boston/Massachusetts 2016, S. 653-660.
105 Hoppe: Babyn Jar, S. 21. Nach dem Massaker des Sk 4a wurde die Schlucht weiterhin als Exekutionsort genutzt. Die Zahlen der dabei Ermordeten sind jedoch nirgends dokumentiert; in der Forschung wird von schätzungsweise 100.000 bis zu 200.000 Opfern ausgegangen, vgl. hierzu ebd.

tet – in vielen Fällen bleibt die Zahl 33.771 alles, was heute über die Ermordeten bekannt ist.[106]

Das Kapitel des Mords an den Juden 1941/42 durch die Einsatzgruppen und ihre Kommandos machte die Ukraine zu einem der »Bloodlands« (Timothy Snyder) im Osten Europas.[107] Ihre Verbrechen markierten den Auftakt zum systematischen Massenmord an der jüdischen Bevölkerung in Europa. Erstmals waren hier Befehle seitens des NS-Regimes gegeben worden, die den Genozid an wehrlosen Jüdinnen und Juden aller Altersgruppen ermöglichten und im Rahmen ideologischer wie imperialistischer Vorstellungen des Nationalsozialismus forderten. Die Ukraine wurde damit zu einem – heute in Deutschland oftmals vergessenen – »Hauptschauplatz« des Holocaust.[108] Bereits 1943 hatte der in der Ukraine geborene jüdische Schriftsteller Wassili Grossmann versucht, einen Eindruck von den Dimensionen und der Totalität der NS-Massaker, denen auch seine eigene Mutter zum Opfer gefallen war, zu vermitteln; in seinem Text »Ukraine ohne Juden« heißt es:

106 Vgl. Snyder: Bloodlands, S. 214; Hoppe: Babyn Jar, S. 20f. Die Gedenkstätte Babyn Jar versucht diesem Umstand durch das Zusammentragen der Namen der Opfer entgegenzuwirken. 28.000 Namen konnten bis heute ermittelt werden, vgl. https://babynyar.org/en/names (1.6.2024); zur »schwierigen« beziehungsweise »konkurrierenden« öffentlichen Erinnerung an Babyn Jar s. insb. Davies, Makhotina: Offene Wunden, S. 107-117.

107 Zur Kritik an dieser oft zitierten, aber nicht unumstrittenen »konstruierten Geschichtslandschaft« s. etwa ausführlich Jürgen Zarusky: Timothy Snyders »Bloodlands«. Kritische Anmerkungen zur Konstruktion einer Geschichtslandschaft, in: Vierteljahrshefte für Zeitgeschichte, 60 (2012), H. 1, S. 1-31.

108 Davies, Makhotina: Offene Wunden, S. 95f.; zur Erinnerung an die NS-Verbrechen in der Sowjetunion s. auch Jürgen Zarusky: Sowjetische Opfer von Krieg und nationalsozialistischer Verfolgung in der bundesdeutschen Erinnerungskultur, in: Ders., Steinbacher (Hrsg.): Der deutsch-sowjetische Krieg 1941-1945, S. 14-36; s. auch Bert Hoppe: Holocaust in der Ukraine. Vom antijüdischen Terror zum arbeitsteiligen Völkermord, in: Einsicht. Bulletin des Fritz Bauer Instituts, 15 (2023), H. 24, S. 6-17.

»Es gibt keine Juden in der Ukraine. [...] In allen Städten und Hunderten von Schtetln, in Tausenden von Dörfern begegnet man keinen schwarzen verweinten Mädchenaugen, hört man nicht die gramvolle Stimme einer alten Frau, sieht man nicht das dunkle Gesichtchen eines hungrigen Kindes. Schweigen. Stille. [...] Es geht um die Ermordung eines Volkes, die Ermordung eines Hauses, der Familie, der Bücher, des Glaubens. [...] Es geht um die Ermordung der Seele und des Körpers eines Volkes, die Ermordung eines großartigen Schatzes von Fertigkeiten, der von Tausenden klugen, talentierten Meistern ihres Faches und Geistesarbeitern in vielen Generationen angehäuft wurde.«[109]

Obschon das NS-Regime vor Kriegsende, so wie in Babyn Jar, aktiv versucht hatte, alle Spuren ihrer Massenverbrechen in der Sowjetunion zu beseitigen, waren diese der Weltöffentlichkeit keineswegs unbekannt geblieben.[110] Unmittelbar nach Kriegsende nahmen die Alliierten 1945 die Spuren der NS-Verbrechen auf und versuchten, so auch im Fall der Einsatzgruppenverbrechen, die Haupttäter vor Gericht zu stellen.[111]

109 Wassili Grossmann: Ukraine ohne Juden. Aus dem Russischen übertragen und eingeleitet von Jürgen Zarusky, in: Ders., Johannes Hürter (Hrsg.): Besatzung, Kollaboration, Holocaust. Neue Studien zur Verfolgung und Ermordung der europäischen Juden, München 2008, S. 189-200.

110 Zum Wissensstand der Kyjiwer Stadtbevölkerung s. Saul Friedländer: Das Dritte Reich und die Juden, 2 Bde., Bd. 2: Die Jahre der Vernichtung 1939-1945, München 2006, S. 225, 566; zum Wissensstand in der Sowjetunion s. Karel C. Berkhoff: »The Corpses in the Ravine Were Women, Men, and Children«: Written Testimonies from 1941 on the Babi Yar Massacre, in: Holocaust and Genocide Studies, 29 (2015), H. 2, S. 251-274; s. auch Angrick: »Aktion 1005«, S. 43-47.

111 Vgl. Hilary C. Earl: The Nuremberg SS-Einsatzgruppen Trial, 1945-1958. Atrocity, Law, and History, Cambridge 2009; Ralf Ogorreck, Volker Ries: Fall 9. Der Einsatzgruppenprozeß (gegen Otto Ohlendorf und andere), in: Gerd R. Ueberschär (Hrsg.): Der Nationalsozialismus vor Gericht. Die alliierten Prozesse gegen Kriegsverbrecher und Soldaten 1943-1952, Frankfurt am Main 1999, S. 164-175.

3 DIE JUSTIZ DER ALLIIERTEN UND DAS SONDERKOMMANDO 4A

Die Bestrafung der Hauptkriegsverbrecher

Kurz bevor die Einsatzgruppen 1941 in die Ukraine einfielen, hatten neun europäische Regierungen, die von den Nationalsozialisten nach London ins Exil getrieben worden waren, in der St. James's Palace Declaration ihren Willen zum Ausdruck gebracht, Kriegsverbrecher zur Rechenschaft zu ziehen.[1] Hierauf einigten sich im Oktober 1943 auch die drei Alliierten (UdSSR, Großbritannien, USA) in der Moskauer Deklaration: Territorial übergreifenden Verbrechen der Eliten des NS-Staats wollten sie sich nach dem Krieg annehmen.[2] Solange der Krieg jedoch nicht gewonnen war, blieben solche Bekundungen rhetorischer Natur; auch waren sich die Verbündeten keineswegs darüber einig, wie mit Verantwortlichen der Achsenmächte nach dem Krieg verfahren werden und wer überhaupt zu ihnen zählen sollte.[3] Erst im letzten Kriegsjahr gingen die Alliierten die bislang theoretisch gebliebene Frage nach den Kriegsverbrechern praktisch an: Seitens der USA wurde unbeirrt eine prozessuale

1 Vgl. Kim C. Priemel, Alexa Stiller: Wo »Nürnberg« liegt. Zur historischen Verortung der Nürnberger Militärtribunale, in: Dies. (Hrsg.): NMT. Die Nürnberger Militärtribunale zwischen Geschichte, Gerechtigkeit und Rechtschöpfung, Hamburg 2013, S. 9-63, hier: S. 28.

2 Vgl. ebd.; Trials of War Criminals before the Nuernberg Military Tribunals under Control Council Law No. 10 (»Green Series«), 15 Bde., Bd. 4, Washington, D.C., 1950, S. X. Im Folgenden wird Band 4 der »Green Series« als »TWC 4« zitiert.

3 Vgl. Priemel, Stiller: Nürnberg, S. 28.

Lösung vorangetrieben, während für Großbritannien und die Sowjetunion auch summarische Exekutionen denkbar waren.[4]

Am 8. August 1945 unterzeichneten 23 Staaten in London das Abkommen über die Bestrafung der Hauptkriegsverbrecher der europäischen Achse.[5] In einem dem Abkommen beigefügten Statut beschlossen sie, dass durch die – nunmehr mit Frankreich vier – Alliierten ein internationaler Gerichtshof, das sogenannte International Military Tribunal (IMT), gebildet werden sollte, der über die Taten der Hauptkriegsverbrecher urteilen sollte.[6] 24 als solche angeklagte Repräsentanten des NS-Regimes mussten sich zwischen November 1945 und Oktober 1946 im Nürnberger Justizpalast vor dem IMT verantworten – ein präzedenzloses Verfahren, das nicht zuletzt auf Symbolwirkung angelegt war und als Nürnberger Prozess in die Nachkriegsgeschichte einging.[7] Dass im Plural auch von den Nürnberger Prozessen gesprochen wird, lag an einer Prozessserie von zwölf weiteren Verfahren, die am selben Ort zwischen 1946 und 1949 vor den US-amerikanischen Nuernberg Military Tribunals (NMT) geführt wurde.[8] Wenngleich häufig als Nachfolgeprozesse des Nürnberger Hauptprozesses vor dem IMT bezeichnet, unterschieden sie sich in Bezug auf die Rechtsgrundlage – hier das Londoner Abkommen und das Statut des IMT, dort das Kontrollratsgesetz Nr. 10 vom 20. Dezember 1945[9] –, das Personal sowie die inhaltlichen Schwerpunktsetzungen.[10] »Case

4 Vgl. ebd., S. 28, 30f.; vgl. hierzu auch Norbert Frei: Nach der Tat. Die Ahndung deutscher Kriegs- und NS-Verbrechen in Europa – eine Bilanz, in: Ders. (Hrsg.): Transnationale Vergangenheitspolitik. Der Umgang mit deutschen Kriegsverbrechern nach dem Zweiten Weltkrieg, Göttingen 2006, S. 7-36, hier: S. 10f.

5 TWC 4, S. XI f.; vgl. hierzu auch Adalbert Rückerl: Die Strafverfolgung von NS-Verbrechen 1945-1978. Eine Dokumentation, Heidelberg, Karlsruhe 1979, S. 25.

6 TWC 4, S. XIII-XVIII.

7 Vgl. Frei: Nach der Tat, S. 13.

8 Vgl. Priemel, Stiller: Nürnberg, S. 9-63.

9 TWC 4, S. XVIII-XXI.

10 Vgl. Priemel, Stiller: Nürnberg, S. 9.

IX« dieser Prozesse widmete sich 1947/48 den Verbrechen der Einsatzgruppen, die mit dem Fund der nationalsozialistischen »Ereignismeldungen UdSSR« ins Visier der US-amerikanischen Strafverfolgung geraten waren.[11]

Paul Blobel und der Nürnberger Einsatzgruppenprozess 1947/48

In Bezug auf die Einsatzgruppenleiter hatte das Augenmerk der US-amerikanischen Strafverfolgung bis 1947 lediglich auf Otto Ohlendorf, dem ehemaligen Leiter der Einsatzgruppe D und Amtschef im RSHA, gelegen.[12] Laut der kanadischen Historikerin Hilary Earl war im Stab des von Telford Taylor geleiteten Office of Chief of Counsel for War Crimes (OCCWC), das seit 1946 die Prozesse vor dem NMT vorbereitete, niemand wirklich mit den Taten der Einsatzgruppen vertraut gewesen.[13] Zudem waren die Einsatzgruppenverbrechen territorial klar verortbar und fielen mithin nicht unmittelbar in die Nürnberger Zuständigkeiten.[14] Der Fund der »Ereignismeldungen UdSSR« (wohl Ende 1946/Anfang 1947) durch ein dem ungarisch-amerikanischen Juristen Benjamin Ferencz (1920-2023) unterstehendes Recherchеteam veränderte dies:[15] So erdrückend war die Beweislast der Berichte, dass Telford Taylor dem Anliegen seines gerade einmal 27-jährigen Mitarbeiters Ferencz beipflichtete,

11 Vgl. Hilary Earl: Beweise, Zeugen, Narrative: Der Einsatzgruppenprozess und die historische Forschung zur Genese der »Endlösung«, in: Priemel, Stiller (Hrsg.): NMT, S. 127-157, hier: S. 127.

12 Vgl. ebd.

13 Vgl. ebd., S. 131.

14 Vgl. ebd.

15 Vgl. Earl: SS-Einsatzgruppen Trial, S. 76-79; Michael J. Bazyler, Frank M. Tuerkheimer: Forgotten Trials of the Holocaust, New York, London 2014, S. 162 f.

ein Verfahren gegen die Einsatzgruppenführer einzuleiten – Chefankläger des »Case IX« sollte Ferencz werden.[16]

In kurzer Zeit entschied eine kleine, aber engagierte Gruppe von Anwälten und Rechercheuren um Ferencz bis zum Sommer 1947, wer angeklagt werden sollte.[17] Hierfür wurden die »Ereignismeldungen UdSSR« sorgfältig studiert, doch fanden sich in den Berichten trotz detaillierter Schilderungen der Verbrechen keine namentlichen Nennungen individueller Täter.[18] Unter anderem dank sowjetischer Hilfe – Ressentiments vor dem Hintergrund des sich anbahnenden Kalten Kriegs wurden laut Earl zu diesem Zweck hintangestellt – sowie der Sichtung von SS-Personalakten war es den US-amerikanischen Anklägern jedoch gelungen, in Einzelfällen Schuldnachweise zu führen.[19] Von den 2.000 bis 3.000 Angehörigen der Einsatzgruppen waren insgesamt 84 Männer zwischen 1941 und 1943 als Einsatzgruppenleiter tätig gewesen, 15 von ihnen als Führer der vier Hauptgruppen A bis D, die übrigen 69 als Kommando- oder Teilkommandoführer.[20] 24 von ihnen – die maximale Angeklagtenzahl in allen Nürnberger Verfahren – wurden im Nürnberger Einsatzgruppenprozess angeklagt. War diese geringe Anzahl durch den banalen Umstand begrenzt worden, dass im Gerichtssaal nicht mehr Plätze auf der Anklagebank zur Verfügung standen, so spiegelte sie zugleich das Bestreben der US-amerikanischen Ankläger wider, grundsätzlich nur die jeweils ranghöchsten NS-Führer zu verurteilen.[21] Unter den Angeklagten befanden sich neben Ohlendorf auch der Führer des Sk 4a, Paul Blobel, sowie Waldemar von Radetzky, ebenfalls

16 Vgl. Constantin Goschler: Einleitung, in: Ders., Marcus Böick, Julia Reus (Hrsg.): Kriegsverbrechen, Restitution, Prävention. Aus dem Vorlass von Benjamin B. Ferencz, Göttingen 2019, S. 15-95, hier: S. 25-28.

17 Vgl. Earl: Einsatzgruppenprozess, S. 129.

18 Vgl. ebd., S. 134.

19 Vgl. ebd., S. 135.

20 Vgl. Earl: SS-Einsatzgruppen Trial, S. 97.

21 Vgl. Earl: Einsatzgruppenprozess, S. 129.

ranghohes Mitglied des Sk 4a.[22] Otto Rasch, der frühere Chef der Einsatzgruppe C, war aus gesundheitlichen Gründen für verhandlungsunfähig erklärt worden.[23]

Aus der Sichtung der »Ereignismeldungen UdSSR« war hervorgegangen, dass die Einsatzgruppen zwischen 1941 und 1943 circa eine Million Menschen umgebracht haben mussten (dass die Einsatzgruppen dabei auch lokale Handlanger gehabt hatten, wurde von den US-amerikanischen Ermittlern nicht in Betracht gezogen).[24] Am 29. September 1947 wurde der Prozess der »Vereinigten Staaten gegen Ohlendorf und andere« eröffnet und acht Monate später, am 10. April 1948, mit dem Urteilsspruch des NMT beendet.[25] Auf Grundlage der bis dato unbekannten »Ereignismeldungen UdSSR« basierte die Anklageschrift des OCCWC auf drei im Kontrollratsgesetz Nr. 10 definierten Anklagepunkten, die bereits in den vorangegangenen Prozessen vor dem NMT erhoben worden waren: erstens »Verbrechen gegen die Menschlichkeit«,[26] zweitens »Kriegsverbrechen« und

22 Zu allen im Prozess Angeklagten s. Earl: SS-Einsatzgruppen Trial, S. 96-134.

23 Vgl. Ogorreck, Rieß: Fall 9, S. 165.

24 Vgl. ebd., S. 135 f.; zu ukrainischen Hilfskräften s. etwa Dieter Pohl: Ukrainische Hilfskräfte beim Mord an den Juden, in: Gerhard Paul (Hrsg.): Die Täter der Shoah. Fanatische Nationalsozialisten oder ganz normale Deutsche?, Göttingen 2002, S. 205-234.

25 Vgl. Earl: SS-Einsatzgruppen Trial, S. 179.

26 Im Folgenden wird diese auf Deutsch gebräuchliche, wenngleich unpräzise zeitgenössische Übersetzung des Anklagepunkts »Crimes against Humanity« gebraucht. Schon Hannah Arendt hatte moniert, dass es auf Deutsch präziser »Verbrechen gegen die Menschheit« heißen müsse, s. dies.: Eichmann in Jerusalem. Ein Bericht von der Banalität des Bösen, 12. Aufl., München u. a. 2017 (zuerst 1964), S. 374, 398; s. hierzu auch Anna Pollmann: Arbeit am Begriff. Auschwitz, Vietnam und die Kategorie des Genozids, in: Katharina Rauschenberger, Sybille Steinbacher (Hrsg.): Fritz Bauer und »Achtundsechzig«. Positionen zu den Umbrüchen in Justiz, Politik und Gesellschaft, Göttingen 2020, S. 252-267, hier: S. 257; zu einer ideengeschichtlichen Untersuchung der Rechtskategorie s. Kerstin von Lingen: »Crimes against Humanity«. Eine Ideengeschichte der Zivilisierung von Kriegsgewalt 1864-1945, Paderborn 2018.

drittens »Mitgliedschaft in verbrecherischen Organisationen«, zu denen SS und Sicherheitspolizei zählten.[27] »Verbrechen gegen die Menschlichkeit« – ein Straftatbestand, der maßgeblich durch den in Großbritannien lehrenden Völkerrechtler Hersch Lauterpacht (1897-1960) konzipiert worden war[28] – bildeten den inhaltlichen Schwerpunkt der Anklageschrift. Unter diesem Punkt führten die US-amerikanischen Ankläger nicht nur detailliert die Anzahl der Ermordeten sowie die jeweiligen Tatorte und -zeiten auf, sondern hielten auch fest, dass die Morde der Einsatzgruppen »as part of a systematic program of genocide, aimed at the destruction of foreign nations and ethnic groups by murderous extermination« ausgetragen worden waren.[29] Weiter hieß es: »The primary purpose of these groups was to accompany the German Army into the eastern territories, and exterminate Jews, gypsies, Soviet officials, and other elements of the civilian population regarded as racially ›inferior‹ or ›politically undesirable‹.«[30] Damit fand auch »Genozid«, ein von dem Juristen Raphaël Lemkin (1900-1959) entwickelter Begriff, Eingang in die Anklageschrift, wenngleich er nicht als eigener Anklagepunkt genutzt wurde.[31] In der spezifischen Ausformulierung der Anklageschrift wurde a priori vorausgesetzt, dass die begangenen Morde Teil eines systematischen Massen-

27 Vgl. Earl: Einsatzgruppenprozess, S. 137; Ogorreck, Rieß: Fall 9, S. 165.

28 Zu einer biografischen Annäherung an den Begriff s. Philippe Sands: Rückkehr nach Lemberg. Über die Ursprünge von Genozid und Verbrechen gegen die Menschlichkeit. Eine persönliche Geschichte, Frankfurt am Main 2018 (englische Erstveröffentlichung 2016).

29 TWC 4, S. 15.

30 Ebd.

31 Vgl. Earl: Einsatzgruppenprozess, S. 137; s. zur Konzeption des Rechtsbegriffs »Genozid« Raphaël Lemkin: Axis Rule in Occupied Europe. Laws of Occupation. Analysis of Government. Proposals for Redress, Nachdruck der 2. Aufl., Clark/New Jersey 2004 (zuerst 1944); s. hierzu auch Anson Rabinbach: Begriffe aus dem Kalten Krieg. Totalitarismus, Antifaschismus, Genozid, Göttingen 2009, S. 43-72.

mords an den Jüdinnen und Juden waren.[32] Der Umstand, dass Jüdinnen und Juden im Einsatzgruppenprozess überhaupt als eigene Opfergruppe der NS-Vernichtungspolitik fokussiert wurden, machte das Verfahren innerhalb der Prozessserie vor dem NMT zu einem Sonderfall von besonderer Wirkmacht.[33] Nicht zuletzt beeinflusste der Prozess auch die Historiografie des Holocaust; Aussagen wie jene Otto Ohlendorfs, die von einem »Führerbefehl« sprachen, trugen so etwa maßgeblich zur späteren Etablierung intentionalistischer Interpretationen in der Holocaustforschung bei.[34]

Aus der Liste der Gewaltverbrechen, die im Nürnberger Einsatzgruppenprozess verhandelt wurden, nahmen die Taten des Sk 4a, allen voran das Massaker von Babyn Jar, auch für die US-amerikanischen Ankläger eine besondere Rolle ein. So hielt die Anklagevertretung im Rahmen der Schilderung der Verbrechen der Einsatzgruppe C fest: »The killing of 33.000 Jewish inhabitants of Kiev in only 2 days stands out even among the ghastly records of the Einsatzgruppen. It was the defendant Blobel, who with his unit under the command of the defendant Rasch, accomplished this massacre which nearly defies human imagination.«[35]

Obgleich die Rolle der Wehrmacht in diesem Zusammenhang nicht genauer in den Blick genommen wurde, hielten die Ankläger fest, dass die Einsatzgruppe C für ihre Aktivitäten vom kommandierenden General der 6. Armee, Generalfeldmarschall Walter von Reichenau, großes Lob erhalten hatte.[36] Paul Blobel und sein Verteidiger Willi Heim verfolgten vor Gericht eine Verteidigungsstrategie, die Blobels Beteiligung an den Verbrechen relativieren sollte – er habe aufgrund eines

32 Vgl. ebd.

33 Vgl. ebd., S. 140; generell zur Rolle des Massenmords an den europäischen Jüdinnen und Juden in Nürnberg s. Michael Marrus: The Holocaust in Nuremberg, in: Yad Vashem Studies, 26 (1998), S. 5-41.

34 Vgl. Earl: Einsatzgruppenprozess, S. 147.

35 TWC 4, S. 44.

36 Ebd.

Befehlsnotstands gehandelt und die Zahl der vom Sk 4a ermordeten Menschen »lediglich« bei 15.000 gelegen.[37] Heim erklärte überdies, dass der »russische Feind« kaum das Konzept vom internationalen Recht gekannt und entsprechende Verträge nicht unterzeichnet habe[38] – laut der Historikerin Franziska Davies Argumente und Topoi, welche die in der NS-Ideologie wurzelnde Vorstellung insinuierten, dass für den Krieg gegen die Sowjetunion eigene Regeln gegolten hätten.[39]

Das Gericht folgte den Ausführungen Blobels und Heims nicht. Auch eine Zahl von 10.000 bis 15.000 ermordeten Menschen wäre, so die Richter unter dem Vorsitz von Michael A. Musmanno, außerhalb der Annalen der Einsatzgruppenverbrechen als Massaker zu bezeichnen.[40] Darüber hinaus betonten die Richter die nationalsozialistische Gesinnung Blobels, welche dieser in seinen Vernehmungen zum Ausdruck gebracht hatte. Auf die Nachfrage, ob sich die Opfer vor den Erschießungen einfach ergeben hätten, hatte Blobel etwa geantwortet: »Yes, that was the case. That was the case with these people. Human life was not as valuable as it was with us. They did not care so much. They did not know their own human value.«[41] Nicht den Opfern der Massaker, so hatte Blobel im selben Verhör erklärt, galt sein Mitleid, sondern seinen mordenden Männern: »These people experienced a lot, psychologically.«[42]

Die Richter sprachen Blobel in allen drei Anklagepunkten schuldig und verurteilten ihn neben Otto Ohlendorf und zwölf weiteren Angeklagten zum Tod durch Erhängen.[43] Waldemar von Radetzky, dessen Rolle im Sk 4a das Gericht offenbar für

37 Ebd., S. 396 f.; vgl. Davies: Babyn Jar vor Gericht, S. 33 ff.
38 TWC 4, S. 86.
39 Davies: Babyn Jar vor Gericht, S. 34.
40 TWC 4, S. 526 f.
41 Ebd., S. 491.
42 Ebd.
43 TWC 4, S. 529, 588; zum Urteil gegen Ohlendorf s. Ilka Richter: SS-Elite vor Gericht. Die Todesurteile gegen Oswald Pohl und Otto Ohlendorf, Marburg 2011, S. 107-116.

weniger zentral hielt, wurde zu 20 Jahren Haft verurteilt.[44] Während von Radetzky bereits 1951 begnadigt wurde, sah US-Hochkommissar John J. McCloy, der zahlreiche Amnestien der Zeit aus realpolitischen Erwägungen verantwortete,[45] im Falle Blobels trotz Gnadengesuchs keinen Anlass dafür, das Strafmaß zu mindern. Am 7. Juni 1951 wurde Blobels Urteil im Kriegsverbrechergefängnis in Landsberg am Lech vollstreckt.[46]

Kuno Callsen vor der Spruchkammer Darmstadt-Lager 1947/48

Der Name des ehemaligen SS-Hauptsturmführers Kuno Callsen war den US-amerikanischen Ermittlern während der Vorbereitungen des Nürnberger Einsatzgruppenprozesses nicht unbekannt geblieben. Sowohl der ehemalige Sk 4a-Teilkommandoführer August Häfner, der in Nürnberg als Zeuge auftrat, als auch der Angeklagte Waldemar von Radetzky erwähnten ihn 1947 – wenn auch nur kursorisch – in ihren Vernehmungen.[47] Laut von Radetzky hatte Callsen auf Nachfrage der Ermittler als »Vertreter von Blobel und Beauftragter von Amt III« des RSHA Aufgaben im Sk 4a durchgeführt.[48] Dennoch blieb Callsen als rangniedrigeres Mitglied des Sk 4a von der Strafverfolgung durch das NMT unbehelligt und trat auch nicht als Zeuge auf, obschon er sich – am 10. September 1946 bei seiner Familie im hessischen Neu-Isenburg gefasst[49] – in US-amerikanischer

44 TWC 4, S. 588.

45 Vgl. Earl: SS-Einsatzgruppen Trial, S. 277-287; Frei: Vergangenheitspolitik, S. 163-195; Annette Weinke: Eine Gesellschaft ermittelt gegen sich selbst. Die Geschichte der Zentralen Stelle Ludwigsburg 1958-2008, Darmstadt 2008, S. 14.

46 Vgl. Davies: Babyn Jar vor Gericht, S. 36.

47 HStAD, H13 Darmstadt, 1291-56, Sammlung Interrogationen Paul Blobels, Nürnberg, 1947, Bl. 56, 77, 150, 186, 188.

48 Ebd., Bl. 150.

49 JuNSV XXXI, S. 11.

Kriegsgefangenschaft in einem Internierungslager in Darmstadt befand.[50]

Wenngleich sich Callsen für seine Taten im Sk 4a unter US-alliierter Besatzung mithin in keinem Justizverfahren verantworten musste, hatte er sich 1947 durch ein sogenanntes Spruchkammerverfahren der Entnazifizierungspraxis der Alliierten unterziehen müssen. Im März 1946 auf Grundlage des Gesetzes zur Befreiung von Nationalsozialismus und Militarismus (Befreiungsgesetz) eingerichtet,[51] waren die Spruchkammern in der Regel mit juristischen Laien besetzte Gremien, die in erster Linie dafür Sorge tragen sollten, ehemalige NS-Parteifunktionäre aus allen Bereichen des öffentlichen Lebens in Deutschland auszuschließen und den Einfluss der NS-Ideologie damit zu unterbinden.[52] Der zentrale Unterschied zwischen Justiz- und Spruchkammerverfahren bestand darin, dass die »Betroffenen« letzterer (von Angeklagten war hier nicht die Rede) ihre Unschuld selbst beweisen mussten, was vielen durch entsprechende Entlastungsschreiben gelang.[53] Im Befreiungsgesetz der Hessischen Landesregierung vom 5. März 1946, das von den vier Alliierten unterzeichnet worden war, wurden fünf »Gruppen der Verantwortlichen« definiert, die »zur gerechten Beurteilung der Verantwortlichkeit und zur Heranziehung zu Sühnemaßnahmen« dienen sollten: Hauptschuldige, Belastete

50 Ebd.; zu Internierung und Entnazifizierung vgl. Hoffmann: Strafverfolgung, S. 55.

51 Gesetz zur Befreiung von Nationalsozialismus und Militarismus, Wiesbaden, 15.3.1946, abgedruckt in: Wolf Arno Kropat: Hessen in der Stunde Null 1945/1947. Politik, Wirtschaft und Bildungswesen in Dokumenten, Wiesbaden 1979, S. 239ff.; s. hierzu auch Angelika Königseder: Entnazifizierung, in: Wolfgang Benz (Hrsg.): Deutschland unter alliierter Besatzung 1945-1949/55. Ein Handbuch, Berlin 1999, S. 114-117.

52 Vgl. Katja Irle: Entnazifizierung und NS-Strafprozesse im Spiegel der Presse. Die Berichterstattung des Frankfurter Gerichtsreporters Rudi Eims 1945-1950, in: Archiv für Frankfurts Geschichte und Kunst, 67 (2001), S. 11-59, hier: S. 16.

53 Vgl. ebd., 16f.

(Aktivisten, Militaristen, Nutznießer), Minderbelastete (Bewährungsgruppe), Mitläufer und Entlastete.[54] Die den Gruppen entsprechenden Strafmaßnahmen reichten von kleineren Geldstrafen über Berufsverbote bis hin zu zwei- bis zehnjähriger Internierung in Arbeitslagern.[55] In Hessen wurden 101 solcher Spruchkammern gebildet, acht davon allein im Internierungslager Darmstadt (Spruchkammer Darmstadt-Lager), in dem 1947 rund 11.500 Personen interniert waren.[56] Vor einer dieser Spruchkammern musste sich auch Kuno Callsen 1947 – zeitgleich zu Blobel und von Radetzky vor dem NMT – verantworten.[57]

Schon im Januar 1947 hatte Callsen, so wie alle über 18-jährigen Deutschen, einen Meldebogen der Alliierten, der auf Grundlage des Befreiungsgesetzes erstellt worden war, ausgefüllt.[58] Callsen gab an, nach Volontariat und Anstellung bei den *Flensburger Nachrichten* (1932-1938), seit 1938 Angestellter beim SD Darmstadt gewesen zu sein und vom Staat den Dienstrang eines Regierungsrats verliehen bekommen zu haben.[59] Auf die Frage, welcher Einstufungsgruppe er sich selbst zuordnete, antwortete Callsen mit »III«, sprich: »minderbelastet«.[60] Am 13. Juni 1947 wurde ein Spruchkammerverfahren gegen Callsen eingeleitet. Die öffentlichen Kläger der Spruchkammer sahen als »formelle Belastung« Callsens Funktion als sogenannter

54 Kropat: Stunde Null, S. 239 ff.

55 Ebd.; vgl. auch Hoffmann: Strafverfolgung, S. 57.

56 Vgl. Armin Schuster: Die Entnazifizierung in Hessen 1945-1954. Vergangenheitspolitik in der Nachkriegszeit, Wiesbaden 1999, S. 333.

57 Vgl. Irle: Entnazifizierung, S. 17; Kropat: Stunde Null, S. 236; Karl Volker Hoffmann spricht von 111 Spruchkammern in Hessen, s. Hoffmann: Strafverfolgung, S. 57.

58 HStAD, H13 Darmstadt, 1291-118, Meldebogen auf Grund des Gesetzes zur Befreiung von Nationalsozialismus und Militarismus vom 5.3.1946, Kuno Callsen, Darmstadt-Lager Lfd. Nr. 5762, Darmstadt, 23.1.1947, ohne Paginierung.

59 Ebd.

60 Ebd.

Blockwalter der NSDAP von 1931 bis 1945, seine Tätigkeit als Sturmbannführer beim SD von 1935 bis 1945 und seine Mitgliedschaft bei der Nationalsozialistischen Volkswohlfahrt.[61] Im Verlauf der Vorermittlungen befragten die Kläger zahlreiche Institutionen und Einzelpersonen und versuchten so, sich ein Bild von Callsens Tätigkeiten zu machen. Die Polizeipräsidien der Städte, in denen Callsen unter NS-Herrschaft gelebt und gearbeitet hatte, konnten jedoch kaum Auskunft über ihn geben: Aus Frankfurt am Main hieß es, dass man nicht wisse, »inwieweit sich C. für die Belange der NSDAP eingesetzt« habe, und aus Berlin erfuhr man, dass dort keine Unterlagen vorlägen, die über Callsens »frühere politische Betätigung oder Zugehörigkeit zur ehemaligen NSDAP« Aufschluss gäben.[62] Im Namen des Bürgermeisters der Stadt Neu-Isenburg wurde nur gemeldet, dass Callsen von seinem unmittelbaren Nachbarn als »hilfsbereiter Mensch mit anständiger Gesinnung« beschrieben worden sei.[63] Weniger positiv fiel das Urteil einer ehemaligen Vermieterin Callsens in Lüneburg aus, die Callsen als »minderbegabt und als eine Person, die sich in ihrer SS-Uniform sehr wichtig und interessant vorkam«, beschrieb[64] – Aussagen, die Callsen in einem späteren Verteidigungsschreiben als persönliche Animositäten abzutun versuchte.[65]

61 HStAD, H13 Darmstadt, 1291-118, Hessisches Staatsministerium. Der Minister für politische Befreiung an das Polizei-Präsidium Flensburg betreffend Haftsache gegen Kuno Callsen, Darmstadt, 13.6.1947, Bl. 2.

62 Ebd., Der Polizeipräsident Frankfurt am Main an den Herrn öffentlichen Kläger bei der Spruchkammer Darmstadt-Lager, Frankfurt am Main, 2.7.1947, Bl. 20; ebd., Der Polizeipräsident Berlin an den Herrn öffentlichen Kläger bei der Spruchkammer Darmstadt-Lager, Berlin, 8.7.1947, Bl. 12.

63 Ebd., Hessisches Staatsministerium. Der Minister für politische Befreiung, Haftsache gegen Kuno Callsen, Darmstadt, 13.6.1947, Bl. 9.

64 Ebd., Bericht des Polizeipräsidiums Lüneburg an das Hessische Staatsministerium, Lüneburg, 5.5.1947, Bl. 16.

65 Ebd., Stellungnahme Kuno Callsens zur Klageschrift, undatiert, ohne Paginierung.

Am 31. Juli 1947 verfasste die Spruchkammer eine Klageschrift gegen Callsen, der zufolge er Gruppe I (Hauptbeschuldigte) zugeordnet werden sollte.[66] Als Begründung hierfür dienten seine Mitgliedschaften in NS-Organisationen, allen voran seine Stellung im SD, wegen der er »für die Folgen der nat. soz. Gewaltherrschaft unter welchen jetzt Deutschland zu leiden hat« mitverantwortlich gemacht wurde.[67] Am 13. Oktober 1947 eröffnete die Spruchkammer die Verhandlung gegen Callsen, in welcher er insbesondere nach seinen Tätigkeiten im SD gefragt wurde. Als das Gremium bemerkte, dass es sich bei einigen der vorliegenden Auskünfte aus dem Berlin Document Center, dem alliierten Sammeldepot für Akten des NS-Staats, um eine Verwechslung mit einem gelernten Maurer namens Bruno Callsen handelte, wurde die Verhandlung vertagt.[68] Weitere Dokumente sowie Zeugenaussagen zu Callsen wurden daraufhin eingeholt, die den öffentlichen Klägern der Spruchkammer jedoch den Eindruck vermittelten, dass Callsen während der NS-Herrschaft »propagandistisch oder aktivistisch nicht in Erscheinung« getreten war.[69] So jedenfalls lautete die offizielle Begründung dafür, dass die Spruchkammer Callsen, der unterdessen auch Einspruch gegen eine Einordnung in Gruppe I eingelegt hatte, nach Wiederaufnahme des Verfahrens am 17. Dezember 1947 schließlich in Gruppe III (Minderbelastete) einordnete.[70] Weiter unterstellte das Gremium Callsen eine »politische Unreife« und kam zu dem Schluss, »dass er durch seine Tätigkeit und Stellung die NS-Gewaltherrschaft nicht wesentlich« gefördert habe.[71]

66 Ebd., Klageschrift des öffentlichen Klägers bei der Spruchkammer Darmstadt-Lager gegen Kuno Callsen, Darmstadt, 31.7.1947, Bl. 31.

67 Ebd.

68 Ebd., Protokoll der Verhandlung gegen den Betroffenen Kuno Callsen, Darmstadt, 13.10.1947, ohne Paginierung.

69 Ebd., Begründung des Spruchs der Spruchkammer Darmstadt-Lager gegen Kuno Callsen, Darmstadt, 17.12.1947, ohne Paginierung.

70 Ebd.

71 Ebd.

Die Sanktionen gegen Callsen, die mit seiner Kategorisierung als »minderbelastet« einhergingen und zum 23. Januar 1948 rechtskräftig wurden – nur eine Woche später endete auch seine Internierung –, umfassten zunächst Berufsverbote in öffentlich wirksamen Positionen, etwa als Lehrer oder Redakteur. Zudem hatte er einen einmaligen Sonderbeitrag zu einem Wiedergutmachungsfonds in Höhe von 2.000 Reichsmark zu leisten, verlor Wahlrecht und Wählbarkeit, durfte sich politisch nicht betätigen, seinen Wohnort nicht wechseln, keinen Kraftwagen halten und musste die Kosten des Verfahrens in Höhe von 5.000 Reichsmark tragen.[72] Gegen diese Sanktionen versuchte Callsen schon am 4. Dezember 1948 durch einen Antrag auf Abkürzung der Bewährungszeit vorzugehen.[73] Aufgrund eines Verweises des Neu-Isenburger Bürgermeisters, der Callsen einen »sehr mangelhaften« Einsatz beim Wiederaufbau attestierte, wurde Callsens Gesuch im März 1949 jedoch abgelehnt.[74] Mit Inkrafttreten des Gesetzes zum Abschluß der politischen Befreiung in Hessen im Rahmen des Auslaufens der Entnazifizierungsmaßnahmen vom 30. November 1949[75] wurde Callsens Bewährungsfrist schließlich dennoch aufgehoben; am 5. Dezember 1949 endete das Verfahren gegen Callsen, »Sühne und Kosten« galten – keine zwei Jahre nachdem der Spruch des Gremiums in Kraft getreten war – als »bezahlt«.[76]

Dass Kuno Callsen 1941/42 in der Ukraine als Teilkommandoführer des Sk 4a an den massiven Gewaltverbrechen der

72 Ebd.

73 HStAD, H13 Darmstadt, 1291-118, Antrag Kuno Callsens auf Abkürzung der Bewährungszeit, Neu-Isenburg, 4.12.1948, ohne Paginierung.

74 Ebd., Stellungnahme des Landrats des Landkreises Offenbach am Main zum Gnadengesuch Kuno Callsens, Offenbach am Main, 21.3.1949, ohne Paginierung.

75 Vgl. hierzu Schuster: Entnazifizierung, S. 344-367.

76 HStAD, H 13 Darmstadt, 1291-118, Vollstreckungsabteilung der Zentralberufungskammer Hessen in Frankfurt am Main an den öffentlichen Kläger Metzger betreffs des Nachverfahrens gegen Kuno Callsen, Darmstadt, 5.12.1949, ohne Paginierung.

Einsatzgruppen beteiligt gewesen war, war in seinem Spruchkammerverfahren 1947/48 mithin unentdeckt geblieben. Seine Laufbahn und Tätigkeit im SD standen im Fokus der Ermittlungen gegen ihn, doch hatten offenbar keine Dokumente, die der Spruchkammer vorlagen, darauf hingedeutet, dass Callsen während seiner Zeit im SD konkrete Verbrechen begangen hatte. Von den entsprechenden Informationen zu Callsens Tätigkeit im Sk 4a, die nahezu zeitgleich durch die Ermittlungen gegen Blobel im Nürnberger Einsatzgruppenprozess bekannt geworden waren, hatte die Darmstädter Spruchkammer noch keine Kenntnis erlangt.

Mit Blick auf beide Verfahren 1947/48 führten mithin zwei Faktoren unter US-alliierter Besatzung dazu, dass Callsen nach Kriegsende für seine Verbrechen im Sk 4a vorerst unbehelligt blieb: Erstens war die justizielle Strafverfolgung der Alliierten aus praktischen Gründen nicht darauf ausgelegt gewesen, alle NS-Kriegsverbrecher vor Gericht zu stellen, sondern lediglich die ranghöchsten, derer die Alliierten habhaft werden konnten. Zweitens war der abgemilderte Spruch, der Callsen im Rahmen der US-amerikanischen Entnazifizierungspolitik durch die Spruchkammer zuteilwurde, gewissermaßen exemplarisch für jene Politik: Praktisch konnten Spruchkammern wie jene in Darmstadt, die viele Verfahren zugleich bearbeiten mussten, ihre Ermittlungen aus zeitlichen und finanziellen Gründen nicht intensiv genug durchführen.[77] Um das öffentliche Leben in Deutschland am Laufen zu halten, waren die Urteile der Spruchkammerverfahren unter US-Besatzung bis 1948 aber nicht zuletzt grundsätzlich zunehmend milde ausgefallen.[78]

Laut Norbert Frei hatte die Anti-Hitler-Koalition beschlossen, den NS-Verbrechen gegen die Menschlichkeit nicht im »Modus der Rache, sondern im Medium des Völkerrechts« zu begegnen.[79] Dies war Frei zufolge ein in doppelter Hinsicht

77 Vgl. Schuster: Entnazifizierung, S. 342.
78 Vgl. Irle: Entnazifizierung, S. 18.
79 Frei: Nach der Tat, S. 36.

auf die Zukunft ausgerichtetes Instrument, das es einerseits erlaubte, »mit den singulären Verbrechenserfahrungen des Zweiten Weltkriegs fertig zu werden – und das anderseits einen Neuanfang mit den Deutschen in der Mitte Europas nicht auf Dauer unmöglich machte.«[80] In der Praxis war dieses Instrument jedoch nicht perfekt:[81] Im Einzelfall zeigt sich, dass Täter wie Callsen den Alliierten durch das Netz von Strafverfolgung und Entnazifizierung gingen, das allein aufgrund der hohen Zahl der Täter und der enormen Dimensionen der Verbrechen ein grobmaschiges bleiben musste. Einstweilen wurden diese Verbrecher damit zu einer Hypothek des NS-Staats, die in den beiden 1949 gegründeten deutschen Staaten einen vergangenheitspolitischen Kristallisationspunkt bilden sollte.[82]

80 Ebd.
81 Vgl. ebd.
82 Vgl. Weinke: Verfolgung von NS-Tätern; zum Begriff »Vergangenheitspolitik« s. Frei: Vergangenheitspolitik.

4 DIE ZENTRALE STELLE IN LUDWIGSBURG UND IHRE VORERMITTLUNGEN ZUM SONDERKOMMANDO 4A (1960-1964)

Zur Gründung der Zentralen Stelle (1958)

Unauffällig wurden am Vormittag des 9. Mai 1958 die letzten vier Insassen des bis dahin unter US-amerikanischer Verwaltung stehenden War Criminal Prison No. 1 in Landsberg am Lech entlassen.[1] Neben Otto Brinkmann, der 1947 im Mittelbau-Dora-Prozess für seine dortigen Verbrechen als KZ-Wärter zu lebenslanger Haft verurteilt worden war, befanden sich unter den Begnadigten Ernst Biberstein, Adolf Ott und Martin Sandberger – drei SS-Führer von Sonder- und Einsatzkommandos der Einsatzgruppen, die zehn Jahre zuvor im Nürnberger Einsatzgruppenprozess neben Paul Blobel zum Tode verurteilt worden waren.[2] Schon 1951 waren die Verurteilten in den Genuss der US-amerikanischen Amnestiepolitik unter US-Hochkommissar John McCloy gekommen und so ihrer Hinrichtung entgangen – 1958 kamen sie schließlich auf freien Fuß.[3] Die Maßnahme war den US-Amerikanern nicht leicht gefallen und im Kontext einer seit der Gründung der Bundesrepublik 1949 geführten Debatte über die »Kriegsver-

1 Vgl. Thomas Raithel: Die Strafanstalt Landsberg am Lech und der Spöttinger Friedhof (1944-1958). Eine Dokumentation i.A. des Instituts für Zeitgeschichte München–Berlin, München 2009, S. 53.
2 Vgl. ebd., S. 76.
3 Vgl. Frei: Vergangenheitspolitik, S. 303 f.

brecherfrage« erfolgt.[4] Dass das 1945 so ambitioniert aufgenommene alliierte Projekt im Namen des Völkerrechts in den 1950er Jahren in politischer Opportunität endete, lag vor allem an der sich rasant wandelnden weltpolitischen Lage: Der Kalte Krieg, die Teilung Deutschlands sowie die Westintegration und Wiederbewaffnung der Bundesrepublik veränderten die globalstrategischen Handlungsspielräume der US-Amerikaner gegenüber der Bundesrepublik.[5] Grund für den Abbruch des Projektes war Norbert Frei zufolge nicht zuletzt das Widerstreben, mit dem die Deutschen den justiziellen Maßnahmen der Alliierten von Beginn an begegnet waren.[6]

Ironischerweise – oder vielleicht auch gerade weil das Kapitel der alliierten Strafverfolgung in der Bundesrepublik nun weitestgehend abgeschlossen war[7] – war es trotz der Freilassung der letzten vier Kriegsverbrecher aus dem Landsberger Gefängnis das Jahr 1958, das eine »kriminalpolitische Wende« in der jungen Bundesrepublik herbeiführte.[8] Genau elf Tage vor der Entlassung der Häftlinge hatten in Ulm die Hauptverhandlungen des bis dahin wichtigsten westdeutschen NS-Strafprozesses stattgefunden, der als Ulmer Einsatzgruppenprozess, wie ihn die Presse nicht ganz präzise bezeichnete, in die Geschichte der justiziellen Aufarbeitung von NS-Verbrechen in der Bundesrepublik eingehen sollte.[9] In dem nur durch Zufall zustande gekommenen Verfahren wurden zehn Angehörige des »Einsatzkommandos Tilsit« wegen der Ermordung von rund 5.500 Jüdinnen und Juden im deutsch-litauischen Grenzgebiet 1941 angeklagt.[10] Dass der Prozess zu einem der wichtigsten der Nachkriegszeit avancierte und große Aufmerksamkeit in Deutschland, aber auch international erregte, hatte mit sei-

4 Vgl. ebd., S. 266-306.
5 Vgl. ebd., S. 303.
6 Ebd.
7 Zu dieser Interpretation s. Raithel: Strafanstalt, S. 78.
8 Vgl. Weinke: Verfolgung von NS-Tätern, S. 82.
9 Vgl. Weinke: Geschichte der Zentralen Stelle, S. 14.
10 Vgl. ebd., S. 12.

nem Gegenstand, aber auch mit dem überdurchschnittlichen Engagement der Ermittler zu tun, zuvorderst Erwin Schüle, der als Mitarbeiter der Stuttgarter Generalstaatsanwaltschaft mit der Bearbeitung des Komplexverfahrens betraut worden war.[11] Die Ergebnisse des Teams um Schüle übertrafen in ihrem Umfang sämtliche Informationen, die die bundesdeutsche Justiz seit 1949 über die nationalsozialistischen Verbrechen zusammengetragen hatte.[12] Durch ihre Strukturermittlungen schufen sie zudem einen Grundstein dafür, dass bestimmte Tatkomplexe fortan in größere Zusammenhänge eingeordnet und juristisch bewertet werden konnten.[13] Eine Besonderheit stellte außerdem die Tatsache dar, dass die Ermittler gezielt Kontakt zu historischen Forschungsinstitutionen, an erster Stelle zum 1949 gegründeten Institut für Zeitgeschichte (IfZ) in München, suchten, deren Mitarbeiter als historische Sachverständige am Verfahren mitwirkten.[14]

Die Richter waren bezüglich der Frage, in welcher Form die Angeklagten an den Verbrechen teilgenommen hatten, zu dem Ergebnis gekommen, dass sie nicht mit Täter-, sondern lediglich Gehilfenwillen gehandelt hätten.[15] Am Ende wurden nur drei Angeklagte mit Zuchthausstrafen von zehn bis fünfzehn Jahren verurteilt, alle anderen kamen mit zeitigen Freiheitsstrafen zwischen drei und fünf Jahren davon.[16] Weitestgehend einhellig wurde dieses Strafmaß von der deutschen Presse als zu milde kritisiert und schlagartig wurde deutlich, dass zahlreiche nationalsozialistische Gewaltverbrechen bislang ungeahndet geblieben waren.[17] Auch vor dem Hintergrund des Wunschs nach einem durch die justizielle Aufarbeitung der Verbrechen forcierten »Schlussstrich« unter die jüngste deutsche Vergan-

11 Vgl. ebd., S. 14, 16.
12 Vgl. ebd., S. 16.
13 Vgl. ebd.
14 Vgl. ebd., S. 15.
15 Vgl. ebd., S. 19.
16 Vgl. ebd.
17 Vgl. ebd.

genheit wurden Forderungen in der Öffentlichkeit laut, die Ermittlungen zu den Einsatzgruppenverbrechen fortan auf eine systematische Grundlage zu stellen.[18]

Diesen Forderungen wurde schon bald auf Initiative des Staatsanwalts am Oberlandesgericht in Stuttgart, Erich Nellmann, politisch nachgekommen.[19] Am 3. Oktober 1958 beschlossen die Justizminister und -senatoren der Länder auf einer Konferenz in Bad Harzburg die Einrichtung der bereits erwähnten Zentralen Stelle in Ludwigsburg.[20] Laut Verwaltungsvereinbarung sollte sich die Zentrale Stelle vor allem um Straftaten kümmern, die außerhalb des Bundesgebiets in Konzentrationslagern, Ghettos oder durch die Einsatzgruppen außerhalb von Kriegshandlungen begangen worden waren.[21] Ihre Aufgabe sollte darin bestehen, Materialien zu diesen Straftaten zu sammeln, sie auszuwerten und begrenzte Tatkomplexe herauszuarbeiten.[22] Anschließend sollten die beteiligten Täter geahndet und das Verfahren an eine zuständige Staatsanwaltschaft weitergeleitet werden.[23] Obschon die Zentrale Stelle mit staatsanwaltschaftlichen Methoden agierte, besaß sie keine Weisungsbefugnisse, wodurch sie weder eigenständige Festnahmen noch Zeugenverhöre durchführen konnte.[24] Am 1. Dezember 1958 nahm sie ihre Arbeit in Ludwigsburg unter der Leitung von Erwin Schüle (der aufgrund seiner eigenen, in der DDR aufgedeckten NS-Vergangenheit dieses Amt 1966 allerdings niederlegen musste)[25] auf und leitete bereits bis Ende 1959 zwanzig Großkomplexe ein.[26] Im Rahmen der Ermittlungen gegen die Verbrechen der Einsatzgruppen stießen die Ermittler

18 Vgl. ebd., S. 20.
19 Freudiger: Juristische Aufarbeitung, S. 142.
20 Vgl. Hofmann: Zentrale Stelle, S. 79.
21 Vgl. Weinke: Geschichte der Zentralen Stelle, S. 28.
22 Vgl. ebd.
23 Vgl. Freudiger: Juristische Aufarbeitung, S. 27.
24 Vgl. Hofmann: Zentrale Stelle, S. 103.
25 Vgl. ebd., S. 287-299.
26 Vgl. Weinke: Geschichte der Zentralen Stelle, S. 29.

1960 schließlich mittels ihres Schneeball-Suchprinzips auf die Taten und Täter des Sk 4a.[27]

Der Auftakt der Ermittlungen gegen Kuno Callsen und das Sonderkommando 4a

Kuno Callsen hatte sich indessen nach eigenen Angaben in der Bundesrepublik etabliert. Nachdem seine erste Ehe, aus der eine Tochter hervorgegangen war, 1948 geschieden worden war, hatte er 1949 neu geheiratet, war Vater zweier weiterer Töchter geworden und wohnte im südhessischen Neu-Isenburg, wo er bereits vor dem Krieg gelebt hatte.[28] Nach seiner Internierung hatte Callsen als Hilfsarbeiter gearbeitet, bis er 1950, im Alter von nun knapp 40 Jahren, eine Anstellung als freier Handelsvertreter in Frankfurt am Main fand.[29] Dort war er in einer Abteilung für Verkaufsautomaten mit kaufmännischen Fragen und Rechtsangelegenheiten betraut.[30] Im Jahr 1957 war unter seinem Namen in der Reihe »Praxis-Bücher des Geschäfts-Erfolgs« im Stuttgarter Forkel-Verlag sogar eine rund 140-seitige Abhandlung über die *Umsatzsteigerung durch Warenautomaten* erschienen.[31] Kurzum: Callsens NS-Vergangenheit hatte, so wie die der anderen Angehörigen des Sk 4a, im politischen und gesellschaftlichen Klima der jungen Bundesrepublik offensichtlich niemanden interessiert – jedenfalls blieb sie nicht aufgedeckt,

27 Vgl. Hofmann: Zentrale Stelle, S. 102.
28 HStAD, H13 Darmstadt, 1291-43, Anklageschrift der GStA in der Strafsache gegen Callsen und Andere, Frankfurt am Main, 12.1.1967, S. 1-7.
29 Ebd.
30 Ebd.
31 Kuno Callsen: Umsatzsteigerung durch Warenautomaten. Mit 6 Zeichnungen im Text und 38 Fotos auf 19 Tafeln, Stuttgart 1957. Es finden sich keine Autorenangaben im Buch, doch lässt sich mit großer Wahrscheinlichkeit sagen, dass es sich bei dem Autor um den später in Darmstadt angeklagten Kuno Callsen handelte.

und er hatte ein von der bundesdeutschen Justiz unbehelligtes bürgerliches Leben unter richtigem Namen führen können.[32]

Dies sollte sich durch die Vorermittlungen der Zentralen Stelle in Ludwigsburg bald ändern. Im Sommer 1960 stießen die Ermittler der Zentralen Stelle in ersten Vernehmungsprotokollen von Angehörigen des Sk 4a und den »Ereignismeldungen UdSSR« auf einzelne Taten sowie das Personal des Sk 4a. Unter den 14 Angehörigen des Sk 4a, die in Vernehmungen bis Oktober 1960 genannt worden waren, befand sich laut Vermerk der Ermittler auch der damalige SS-Hauptsturmführer Kuno Callsen, über den der Zentralen Stelle zu diesem Zeitpunkt allerdings, anders als über die meisten anderen Angehörigen des Sk 4a, noch keine Erkenntnisse vorlagen.[33] Sorgfältig dokumentierten die Ermittler die erschlagenden Dimensionen der Verbrechen: 24 Tatorte des Sk 4a in den Gebieten der Ukraine waren bis Oktober 1960 auf Grundlage der »Ereignismeldungen UdSSR« identifiziert worden.[34] Geordnet nach der Anzahl der jeweils Ermordeten, begann die Liste der Tatorte mit dem Mord an den 33.771 Jüdinnen und Juden von Kyjiw.[35] Unter den 14 in Betracht kommenden Beschuldigten befanden sich zu diesem Zeitpunkt neben Callsen der Chef der Einsatzgruppe C, SS-Brigadeführer Dr. Dr. Otto Rasch, die Obersturm- und Teilkommandoführer des Sk 4a, August Häfner und Adolf Janssen, SS-Sturmbannführer Waldemar von Radetzky und der einstige Fahrer Callsens, Viktor Trill.[36]

Neben den Auskünften aus Zeugenvernehmungen und den »Ereignismeldungen UdSSR« basierten die von den Ludwigs-

32 Zur Nachkriegsexistenz des Sk 4a-Teilkommandoführers August Häfner s. Christina Ullrich: »Ich fühl' mich nicht als Mörder.« Die Integration von NS-Tätern in die Nachkriegsgesellschaft, Darmstadt 2011, S. 96-106.

33 HStAD, H13 Darmstadt, 1291-1, Vermerk der Zentralen Stelle, Ludwigsburg, 26.10.1960, Bl. 106.

34 Ebd., Bl. 100ff.

35 Ebd., Bl. 100.

36 Ebd., Bl. 102-108.

burger Ermittlern zusammengetragenen Informationen über das Personal des Sk 4a auf geschichtswissenschaftlichen Studien. Eine besondere Rolle nahm dabei das 1956 in deutscher Übersetzung erschienene Werk *Die Endlösung. Hitlers Versuch der Ausrottung der Juden Europas 1939-1945* des britischen Historikers Gerald Reitlinger (1900-1978) ein.[37] Reitlingers Studie stellte einen frühen Versuch dar, eine Gesamtdarstellung der Ermordung der europäischen Jüdinnen und Juden sowie der Einsatzgruppenverbrechen zu liefern.[38] Seine Darstellung stützte er neben den »Ereignismeldungen UdSSR« in erster Linie auf die Prozessunterlagen der Nürnberger Prozesse vor dem IMT und dem NMT und damit nicht zuletzt auch auf die Zeugenaussagen von Ohlendorf, Blobel und Rasch aus dem Nürnberger Einsatzgruppenprozess von 1948.[39] Darüber hinaus forderten die Ludwigsburger Ermittler auch Archivalien zu den Nürnberger Prozessen aus dem Staatsarchiv Nürnberg sowie aus dem Archiv des IfZ an.[40]

Die Fahndung nach möglichen Beschuldigten stellte die Ermittler vor einige Herausforderungen. Manche der Männer, Otto Rasch etwa, waren ohne das Wissen der Ermittler bereits vor Jahren verstorben, andere, wie Kuno Callsen, zunächst unauffindbar – die Gründe hierfür bleiben unklar.[41] Zudem waren die Handlungsspielräume der Ermittlungsbehörde durch Verträge der Bundesrepublik mit den alliierten Siegermächten beschränkt.[42] Zu diesen Verträgen zählte der Vertrag zur Regelung aus Krieg und Besatzung entstandener Fragen zwischen

37 Zur Rolle von Reitlingers Werk in Ermittlungsverfahren s. Andreas Eichmüller: Keine Generalamnestie. Die strafrechtliche Verfolgung von NS-Verbrechen in der frühen Bundesrepublik, München 2012, S. 362.

38 Vgl. Hofmann: Zentrale Stelle, S. 15.

39 Vgl. Reitlinger: Endlösung, S. 203-273; zu Reitlingers Rolle für die Ermittler der Zentralen Stelle s. Hofmann: Zentrale Stelle, S. 85.

40 Zur Vorermittlungspraxis s. Hofmann: Zentrale Stelle, S. 102-104.

41 HStAD, H13 Darmstadt, 1291-1, Vermerk der Zentralen Stelle, Ludwigsburg, 26.10.1960, Bl. 102-108.

42 Vgl. Hofmann: Zentrale Stelle, S. 113 f.

der Bundesrepublik Deutschland, den USA, Großbritannien und Frankreich, der am 5. Mai 1955 in Kraft trat.[43] Dieser sogenannte Überleitungsvertrag verlieh der Bundesrepublik ihre volle justizielle Souveränität zurück, sah aber zugleich vor, dass bundesdeutsche Gerichte nur unter gewissen Umständen ihre Gerichtsbarkeit ausüben durften.[44] Um Revisionen gegen alliierte Urteile oder mögliche Freisprüche von NS-Verbrechern, die bereits durch alliierte Gerichte verurteilt worden waren, zu verhindern, verbot der Überleitungsvertrag eine erneute Strafverfolgung durch Justizbehörden der Bundesrepublik.[45] Dies stellte in der Praxis allerdings ein »kaum zu überwindendes Hindernis« für bundesdeutsche Ermittlungen gegen NS-Verbrecher dar,[46] durch das einige hohe NS-Funktionäre, deren alliierte Verfahren mangels Beweisen eingestellt worden waren, auch in der Bundesrepublik ungestraft davon kamen.[47] Vor diesem Hintergrund vermerkte man im Oktober 1960 in Ludwigsburg etwa auch, dass zu prüfen sei, ob von Radetzkys »Zugehörigkeit und Tätigkeit bei SK 4a [sic] bereits Gegenstand des gegen ihn stattgefundenen Prozesses« in Nürnberg gewesen war.[48] In seinem Fall, so wie auch in jenen der oben erwähnten Einsatzgruppenmitglieder Biberstein, Ott und Sandberger, die im »Case IX« vor dem NMT verurteilt worden waren, verhinderte der Überleitungsvertrag jegliche weitere Strafverfolgung durch Justizorgane der Bundesrepublik.

Mitte Dezember 1961 konnten die Ermittler in Bezug auf Callsen erste Erfolge verbuchen. Sein Aufenthaltsort war nun bestimmt und eine Anhörung durch die zuständige Polizeistelle angeregt worden, da die Zentrale Stelle keine eigenen Verhöre vornehmen durfte – ein nicht unbeträchtliches Problem, wenn

43 Vgl. ebd., S. 113.
44 Vgl. ebd.
45 Vgl. ebd., S. 113 f.
46 Vgl. ebd., S. 114.
47 Rückerl: NS-Verbrechen, S. 139.
48 HStAD, H13 Darmstadt, 1291-1, Vermerk der Zentralen Stelle, Ludwigsburg, 26.10.1960, Bl. 108.

die vernehmenden Kriminalbeamten selbst in NS-Verbrechen verwickelt gewesen waren.[49] Ab dem 17. April 1962 fand auf »fernschriftliche Vorladung« eine zweitägige Vernehmung Kuno Callsens in den Diensträumen des Polizeiamts Neu-Isenburg statt.[50] Callsen führte aus, dass er neben Blobel als einziger SD-Führer in dessen Kommando den Befehl erhalten habe, so dicht wie möglich dem Heer zu folgen, Quartiere für das Kommando zu suchen und vor allem »sicherheitsdienstliche Aufgaben« wie die »Erforschung und Darstellung der Situation auf den einzelnen Lebensgebieten« der Bevölkerung durchzuführen.[51] Gelegentlich habe er auch »praktische Aufgaben« wie die Registrierung Volksdeutscher vorgenommen.[52] Ihm sei bekannt gewesen, dass das Kommando »im Übrigen in erster Linie für die Gegnerbekämpfung eingesetzt wurde«, und er fügte sogleich hinzu, dass er unter diesen Gegnern »alle Elemente, die der kämpfenden Truppe gefährlich werden konnten, in erster Linie also Partisanen« verstand.[53] Zwar habe er auch von Erschießungen von Jüdinnen und Juden gewusst, der Kommandoführer (hier nicht näher bestimmt, vermutlich ist aber Blobel gemeint) jedoch verfügt, dass die Berichterstattung darüber nicht Callsens Sache wäre.[54] Am zweiten Tag der Vernehmung befragten die Beamten Callsen gezielt zu den Tathergängen

49 HStAD, H13 Darmstadt, 1291-2, LKA Baden-Württemberg an die Zentrale Stelle, Ludwigsburg, 19.12.1961, Bl. 324; zu den Ermittlungsbefugnissen der Zentralen Stelle s. Hofmann: Zentrale Stelle, S. 103; zum Problem der Verwicklung von Kriminalbeamten in NS-Gewaltverbrechen s. Michael Greve: Von Auschwitz nach Ludwigsburg. Zu den Ermittlungen der »Zentralen Stelle der Landesjustizverwaltungen zur Aufklärung nationalsozialistischer Gewaltverbrechen« in Ludwigsburg, in: Irmtrud Wojak, Susanne Meinl (Hrsg.): Im Labyrinth der Schuld. Täter – Opfer – Ankläger, Frankfurt am Main, New York 2003, S. 41-63, hier: S. 54f.

50 HStAD, H13 Darmstadt, 1291-92, Vernehmungsniederschrift Kuno Callsen, Neu-Isenburg, 17.4.1962, Bl. 644.

51 Ebd., Bl. 647f.

52 Ebd.

53 Ebd., Bl. 649.

54 Ebd., Bl. 650.

dieser Erschießungen.[55] In einigen Fällen gab Callsen zwar an, Augenzeuge gewesen zu sein, doch räumte er stets ein, dass ihm Einzelheiten nicht mehr in Erinnerung wären.[56] Dies erachteten die Ermittler zwar als Widerspruch, doch gab Callsen nicht nach: Er behauptete, sich nur an seine nachrichtendienstlichen Tätigkeiten erinnern zu können, die in keinem Zusammenhang mit den Massakern an der Zivilbevölkerung gestanden hätten.[57] In einem Fall wollte Callsen gar den Befehl zur Tötung von Zivilistinnen und Zivilisten, den er von dem stark betrunkenen Blobel erhalten hätte, verweigert haben.[58] Lediglich in Luzk und Schytomyr sei er bei Exekutionen anwesend gewesen, habe jedoch nicht unmittelbar daran teilgenommen.[59] Die Zahl von 100.000 durch das Sk 4a ermordeten Jüdinnen und Juden sei ihm neu und habe ihn außerordentlich »überrascht«; weitere Ausführungen verweigerte er.[60] In einem Vermerk der Zentralen Stelle über den Stand des Voruntersuchungsverfahrens hieß es daraufhin über Callsen: »Bestreitet allgemein, jemals die Leitung über eine Exekution geführt zu haben. Der Zeuge ist nicht aufrichtig und spricht die Unwahrheit. Er ist von verschiedenen anderen Zeugen belastet. […] C. muß als Beschuldigter nochmals gehört werden, jedoch ist aus taktischen Gründen vorgesehen, seine Vernehmung erst dann durchzuführen, wenn weiteres Belastungsmaterial ermittelt ist.«[61]

Entsprechendes Material lieferte eine Reihe von Zeugenvernehmungen im März 1964. Der Schwerpunkt der Vernehmungen lag dabei auf Callsens Rolle und Funktion innerhalb des Sk 4a. Vernommen wurden die ehemaligen Sk 4a-Angehörigen

55 Ebd., Bl. 661.
56 Ebd., Bl. 662.
57 Ebd., Bl. 662 ff.
58 Ebd., Bl. 665.
59 Ebd.
60 Ebd., Bl. 666.
61 HStAD, H13 Darmstadt, 1291-5, Übersicht zum Voruntersuchungsverfahren der Zentralen Stelle gegen die ehemaligen Angehörigen des Sk 4a, Ludwigsburg, 4.4.1963, Bl. 1030.

Fritz Höfer, Gustav Kraege, Heinrich Huhn und Oscar Consée; Letzterer sollte später mit Callsen in Darmstadt angeklagt werden. Unisono bezeugten die Männer, dass Callsen neben Waldemar von Radetzky der einzige SS-Hauptsturmführer im Sk 4a gewesen sei und in Blobels Abwesenheit das Kommando geführt habe, wenngleich genauere Details zur Rangordnung innerhalb des Kommandos nicht herauskamen.[62] Kraege und Consée bezeugten zudem Callsens Funktion als Teilkommandoführer im Sk 4a.[63] Von Kameradenhilfe, wie sie in manch anderer Ermittlung vorkam, konnte in diesem Fall damit nicht die Rede sein.[64] Womöglich handelte es sich gar um eine bewusste Abwälzung von Verantwortung auf den ranghöheren Callsen. So ergab sich im Spiegel der Zeugenaussagen auch in Bezug auf Callsens Gesinnung und Verhalten als Hauptsturmführer ein stimmiges Bild: Callsen habe, so Höfer, den Standpunkt vertreten, »was ich tue ist richtig und da hat mir kein Untergebener etwas zwischen zu reden«, er war laut Kraege ein »überzeugter Nationalsozialist« und »wenig kameradschaftlich« und Huhn zufolge »ein Streber, der als Angehöriger des leitenden Dienstes vorwärts kommen wollte«.[65] Nicht zuletzt aber wurde auch Callsens Teilnahme an Massakern bezeugt: Laut Huhn hatte Callsen das Massaker in der Stadt Luzk nicht nur angeordnet,

62 HStAD, H13 Darmstadt, 1291-9, Vernehmungsniederschrift Fritz Höfer, Göttingen, 17.3.1964, Bl. 2038; ebd., Vernehmungsniederschrift Gustav Kraege, Goslar, 18.3.1964, Bl. 2050; ebd., Vernehmungsniederschrift Heinrich Huhn, Goslar, 18.3.1964, Bl. 2066; ebd., Vernehmungsniederschrift Ernst Oscar Consée, Hildesheim, 19.3.1964, Bl. 2085.

63 Ebd., Vernehmungsniederschrift Gustav Kraege, Goslar, 18.3.1964, Bl. 2065; ebd., Vernehmungsniederschrift Ernst Oscar Consée, Hildesheim, 19.3.1964, Bl. 2090.

64 Vgl. hierzu etwa Sybille Steinbacher: »... nichts weiter als Mord«, S. 291 f.

65 HStAD, H13 Darmstadt, 1291-9, Vernehmungsniederschrift Fritz Höfer, Göttingen, 17.3.1964, Bl. 2037; ebd., Vernehmungsniederschrift Gustav Kraege, Goslar, 18.3.1964, Bl. 2050; ebd., Vernehmungsniederschrift Heinrich Huhn, Goslar, 18.3.1964, Bl. 2067.

sondern auch durchgeführt,[66] und auch in Kyjiw, auf dem Gelände von Babyn Jar, soll Callsen laut Höfer anwesend gewesen sein, der sich erinnerte: »Mir fällt in diesem Zusammenhang ein, daß der Unterführer und Kraftfahrer von Callsen, Trill, einige Tage nach Abschluß der Exekutionen in Kiew auf dem Hof der Unterkunft zu Callsen sagte: ›Hauptsturmführer haben Sie nichts mehr zum Schießen?‹ Ich stand unmittelbar neben Trill und konnte dies mit anhören. Callsen hat daraufhin nichts zu Trill gesagt, sondern schaute ihn nur von unten her verächtlich an.«[67]

Später kamen die Ermittler in Bezug auf Callsen immer wieder auf diese Erinnerung Höfers zurück. Nicht nur ließ sie an Callsens Aussage zweifeln, nur in Luzk und Schytomyr Exekutionen beigewohnt zu haben, sondern führte sie auch beispielhaft die Mentalität von Männern des Sk 4a vor Augen, für die das massenhafte Morden zu einem Tagesgeschäft geworden war, über das offenbar sogar gescherzt wurde. Vier Jahre nach Auftakt der Vorermittlungen durch die Zentrale Stelle hatten sich die Ermittler 1964 ein umfassendes Bild von den Taten und dem Personal des Sk 4a machen können. Die Vergangenheit hatte Callsen und seine ehemaligen Kameraden damit nach über zwei Jahrzehnten eingeholt und konnte nun als juristisch greifbarer Tatkomplex definiert werden.

Der Schlussbericht der Zentralen Stelle (1964)

»4 AR-Z 269/60« lautete das Aktenzeichen, unter dem die Zentrale Stelle ihren Abschlussbericht vom 1. April 1964 zu den »Massenerschießungen des Einsatzkommandos 4a« führte.[68]

66 Ebd., Vernehmungsniederschrift Heinrich Huhn, Goslar, 18.3.1964, Bl. 2078.

67 Ebd., Vernehmungsniederschrift Fritz Höfer, Göttingen, 17.3.1964, Bl. 2036.

68 HStAD, H13 Darmstadt, 1291-10, Abschlussbericht der Zentralen Stelle zu den Ermittlungen gegen die Angehörigen des Sk 4a, Lud-

Während »AR« schlicht für »allgemeines Register« stand, markierte das »Z«, dass es sich um Vorgänge handelte, die noch keiner Staatsanwaltschaft anhingen, und es sich womöglich um noch verfolgbare Straftaten handelte.[69] Auf rund 150 Seiten legten die Ermittler ihre Ergebnisse dar, kommentierten die Vernehmungen und Auswertung von Archivalien, schilderten die Straftaten der Beschuldigten, grenzten Tat- und Ermittlungskomplexe ab und verwiesen auf die staatsanwaltschaftlichen Zuständigkeiten.[70]

Grundsätzlich unterteilten die Ludwigsburger Ermittler die Ergebnisse ihrer Vorermittlungen zum Sk 4a in drei Teile (A-C). Diese Unterteilung war zunächst auf die ständigen Personalwechsel innerhalb des Sk 4a zurückzuführen.[71] Teil A sollte daher die »noch bestehende[n] strafrechtliche[n] Verantwortlichkeiten für in der Zeit von Juni 1941 bis einschließlich 30.9.41 begangene NS-Gewaltverbrechen in der Ukraine während des Vormarsches des SK 4a auf dem Wege von Sokal bis Kiew« umfassen.[72] Namentlich waren Anfang Oktober 1941 nämlich »die bisher als Führerdienstgrade dem Kommando angehörenden Personen« Kuno Callsen, Adolf Janssen, August Häfner und Kurt Hans aus dem Sk 4a ausgeschieden und durch neue Führer ersetzt worden.[73] Teil B umfasste den Zeitraum von Anfang Oktober bis einschließlich Spätherbst 1943 und die Verbrechen, die das Sk 4a auf seinem Weg nach Charkiw bis zu seiner Eingliederung in die Dienststelle des Befehlshabers der Sicherheitspolizei und des SD (BdS) Minsk begangen hatte,[74]

wigsburg, 1.4.1964, Bl. 2094-2240. Nicht ganz präzise verwendeten sowohl Ermittler als auch Zeugen die Begriffe »Einsatzkommando« und »Sonderkommando« wiederholt synonym.

69 Vgl. Hofmann: Zentrale Stelle, S. 102.

70 HStAD, H13 Darmstadt, 1291-10, Abschlussbericht der Zentralen Stelle zu den Ermittlungen gegen die Angehörigen des Sk 4a, Ludwigsburg, 1.4.1964, Bl. 2093.

71 Ebd., Bl. 2222.

72 Ebd.

73 Ebd., Bl. 2182.

74 Ebd., Bl. 2222.

und Teil C jene, auf die man während der Recherchen aufmerksam geworden war, die nach damaligen Erkenntnissen jedoch Angehörigen anderer Sipo- und Polizeieinheiten anzulasten waren.[75]

Teil A bildete jenen Ermittlungskomplex, aus dem 1967/68 der Darmstädter Einsatzgruppenprozess hervorgehen sollte. Aus den Zeugenvernehmungen hatten die Ermittler erfahren, dass die SS-Führer Callsen, Janssen, Häfner und Hans sowie drei Sk 4a-Angehörige namens Boss, Müller und Mathisek (deren Aufenthaltsort, genauere Funktion und teils auch Identität bis dahin unbestimmt geblieben waren) dem Sk 4a »von Kriegsbeginn mit Rußland an bis einschließlich Kiew, Ende Sept./Anfang Oktober 1941« angehört und »an Erschießungen von Juden aus rassischen Gründen mit leitender Funktion beteiligt« beziehungsweise anwesend gewesen sein mussten.[76] Minutiös führten die Ermittler die Belastung der einzelnen SS-Führer des Sk 4a auf, die »entweder Exekutionen von Juden angeordnet bzw. durchgeführt oder daran verantwortlich teilgenommen« hatten.[77] So konnten Callsen für die rund drei Monate, in denen er dem Sk 4a angehört hatte, Exekutionen an neun unterschiedlichen Orten zwischen Sokal und Kyjiw, an denen jeweils zwischen 68 (Bila Zerkwa) und 33.771 (Babyn Jar, Kyjiw) Menschen ermordet worden waren, zur Last gelegt werden.[78] Für seine Teilnahme am Massaker von Babyn Jar war die Belastung durch Zeugen besonders schwerwiegend: 26 Zeugen, darunter Angehörige des Sk 4a sowie ebenfalls am Massaker beteiligter Polizeibataillone, hatten Callsen in diesem Zusammenhang belastet, wenngleich einige von ihnen nur ausgesagt hatten, dass sämtliche Männer des Sk 4a anwesend gewesen waren.[79]

75 Ebd., Bl. 2223.
76 HStAD, H13 Darmstadt, 1291-10, Abschlussbericht der Zentralen Stelle zu den Ermittlungen gegen die Angehörigen des Sk 4a, Ludwigsburg, 1.4.1964, Bl. 2110-2122.
77 Ebd., Bl. 2128.
78 Ebd., Bl. 2128-2144.
79 Ebd., Bl. 2140-2144.

Insgesamt schlossen die Ermittler in Bezug auf Callsen, dass er »durch Dokumente, Urkunden und Zeugenangaben umfangmäßig und aufgrund seines gezeigten persönlichen Verhaltens am meisten belastet« und somit, »gemäß dem Grad seiner Verantwortlichkeit und dem Umfang seiner Tatbeteiligung, als Hauptbeschuldigter im Ermittlungskomplex Teil A) anzusehen« sei.[80] Neben Callsen sollten Janssen, Häfner, Hans, Müller, Mathysik und Boss als Mitbeschuldigte einbezogen werden, zudem Friedrich Schmidt-Schütte und Victor Woithon, wenngleich die beiden dem Sk 4a länger als die erstgenannten Mitglieder angehört hatten und damit eigentlich auch zu Tatkomplex B zählten.[81] Aufgrund von Callsens Wohnort kamen die Ermittler zu dem Schluss, dass die Staatsanwaltschaft Darmstadt für ihn zuständig sei.[82] Die Tatkomplexe B und C wurden, je nach Hauptbeschuldigten, an unterschiedliche Staatsanwaltschaften in der Bundesrepublik übergeben, darunter die in München, Würzburg und Karlsruhe.[83]

Der Ermittlungsbericht zu den Massenmorden des Sk 4a (und anderer Einheiten) enthielt bislang unbekannte Informationen über die Funktion, Zusammensetzung und einzelne Verbrechen der Angehörigen der Kommandos. Ohne die Verbrechen in einen größeren historischen Kontext einzuordnen oder zu kommentieren, war der Bericht so formuliert, dass er in erster Linie individuelle Tatnachweise einzelner Verbrecher ermöglichte. Bestimmte Tötungsverfahren des Sk 4a, etwa durch Gaswagen oder durch sowjetische Sprengmunition, waren zu diesem Zeitpunkt zudem noch unbekannt.[84] Mit ihrem Bericht hatten die Ermittler der Zentralen Stelle in Ludwigsburg ihre Arbeit nahezu abgeschlossen, lediglich weitere Zeugenver-

80 Ebd., Bl. 2223 f.
81 Ebd., Bl. 2224, 2227.
82 Ebd., Bl. 2224.
83 Ebd., Bl. 2228.
84 S. hierzu Wojak: Fritz Bauer, S. 419.

nehmungen standen bis zur Übergabe an die jeweiligen Staatsanwaltschaften noch aus.[85]

85 HStAD, H13 Darmstadt, 1291-10, Abschlussbericht der Zentralen Stelle zu den Ermittlungen gegen die Angehörigen des Sk 4a, Ludwigsburg, 1.4.1964, Bl. 2237f.

5 DIE ERMITTLUNGEN DER STAATSANWALTSCHAFT DARMSTADT GEGEN DAS SONDERKOMMANDO 4A (1965-1967)

Die Verfahrensübernahme und der Auftakt des Vorverfahrens (1965)

»Die Amtsverrichtung der Staatsanwaltschaft«, so teilte der hessische Generalstaatsanwalt Fritz Bauer dem Landgericht Darmstadt am 11. März 1965 mit, »habe ich gemäß § 145 GVG übernommen.«[1] Damit wurde das Verfahren gegen die Angehörigen des Sk 4a zu einem der vielen, die in Bauers Zuständigkeitsbereich geführt wurden. Mitunter in Kooperation mit der Zentralen Stelle in Ludwigsburg[2] hatte Bauer unter Anfeindungen bereits energische Ermittlungen gegen Auschwitz-Personal, NS-Juristen und »Euthanasie«-Ärzte geführt.[3] Maßgeblich war er an der Suche nach berüchtigten NS-Verbrechern wie Adolf Eichmann, Josef Mengele und Martin Bormann beteiligt gewesen.[4] Zum Zeitpunkt der Verfahrensübernahme war das Urteil im ersten Frankfurter Auschwitz-Prozess (1963-1965) – dem wohl bedeutendsten aller von Bauer initiierten NSG-Prozesse

1 HHStAW, 631a-1868, GStA an den Oberstaatsanwalt bei dem Landgericht Darmstadt, Frankfurt am Main, 11.3.1965, Bl. 2631.
2 Vgl. Hofmann: Zentrale Stelle, S. 154-162.
3 Vgl. Wojak: Fritz Bauer, S. 11-22.
4 Vgl. ebd., S. 311 ff., 404.

der deutschen Nachkriegsjustiz – noch nicht gesprochen.[5] Parallel liefen zudem die Ermittlungen gegen den ehemaligen Polizeipräsidenten von Frankfurt am Main, Adolf Heinz Beckerle (1902-1976), der zwischen 1941 und 1944 als deutscher Gesandter in Sofia an der Deportation von mindestens 11.343 thrakischen und makedonischen Jüdinnen und Juden beteiligt gewesen war.[6] Fritz Bauer, der als Sozialdemokrat und Jude die NS-Verfolgung am eigenen Leib erfahren hatte und die juristische Aufklärung der nationalsozialistischen Verbrechen grundsätzlich als »Lernprozess«[7] der Deutschen verstand, verstarb überraschend am 30. Juni 1968. Das Verfahren gegen »Kuno Callsen u. a. wegen Mordes« wurde das letzte größere, das in seinem Zuständigkeitsbereich geführt wurde.[8]

Die Ersten Staatsanwälte der Generalstaatsanwaltschaft, Dr. Bernd Uhse und Georg Friedrich Vogel – letzterer war einer der Anklagevertreter im Auschwitz-Prozess gewesen –, sollten das Vorverfahren als Sachbearbeiter in Zusammenarbeit mit dem Untersuchungsrichter beim Landgericht Darmstadt, Heinrich Wagner, leiten.[9] Am 12. März 1965 stellte Uhse einen Antrag auf Eröffnung der Voruntersuchung bei Landgerichtsrat Wagner.[10] Per Beschluss gab Wagner dem Antrag am 24. März statt.[11] Callsen, so hieß es, werde hinreichend verdächtigt, an der Planung und Durchführung zahlreicher Massentötungen

5 Grundlegend zum Auschwitz-Prozess s. Pendas: Auschwitz-Prozess; Wittmann: Beyond Justice.

6 Vgl. Wojak: Fritz Bauer, S. 406-417.

7 Vgl. Katharina Rauschenberger: Recht schaffen und politisch handeln. Fritz Bauer und Henry Ormond – ein Vergleich, in: Dies. (Hrsg.): Rückkehr in Feindesland? Fritz Bauer in der deutsch-jüdischen Nachkriegsgeschichte, Frankfurt am Main 2013, S. 39-63, hier: S. 45-47, 62 f.

8 Vgl. Wojak: Fritz Bauer, S. 415 ff.

9 Zu Vogel s. Pendas: Auschwitz-Prozess, S. 49.

10 HHStAW, 631a-1868, GStA an den Untersuchungsrichter bei dem Landgericht Darmstadt, Antrag auf Eröffnung der Voruntersuchung, Frankfurt am Main, 12.3.1965, Bl. 2637.

11 Ebd., Beschluss im Ermittlungsverfahren durch Untersuchungsrichter Wagner, Darmstadt, 24.3.1965, Bl. 2672.

beteiligt gewesen zu sein, bei denen das Sk 4a seine Opfer »– in einzelnen Ortschaften mitunter über 30.000 Menschen – zusammentrieb, an vorbereitete Massengräber führte und in Anwesenheit der später zu Tötenden reihenweise niederschoss«.[12] Am 18. Mai 1965 wurden die Vorermittlungen schließlich auf 13 weitere Beschuldigte ausgeweitet, darunter die bereits von den Ludwigsburger Ermittlern ins Auge gefassten Häfner, Hans, Janssen, Trill, Consée, Woithon, Huhn und Findeisen, die bis dahin teils nur als Zeugen aufgetreten waren.[13] Mit dieser Auswahl beschränkten sich die Ermittler hauptsächlich auf Sk 4a-Angehörige höherer Dienstgrade und auf einzelne Mannschaftsmitglieder wie Trill, von denen sie annahmen, dass diese »bedenkenlos, willig und eifrig« an den Massenexekutionen mitgewirkt hatten, »weil sie in den erteilten Befehlen einen willkommenen Anlaß zum Töten sahen«.[14] Von einer systematischen Strafverfolgung der niedrigeren Dienstränge des bis Mai 1942 rund 60 bis 80 Mann starken Kommandos[15] sahen die Staatsanwälte dagegen aus prozesstaktischen Überlegungen ab. So fürchteten sie, Beweismittel zu verlieren, wenn die Angehörigen als Beschuldigte und nicht als Zeugen vernommen würden.[16] Zwar war der Täterkreis in Bezug auf das Sk 4a damit im Vergleich zu den alliierten Prozessen ausgeweitet, doch ging auch die bundesdeutsche Justiz bei der Auswahl der Angeklag-

12 Ebd., GStA an den Untersuchungsrichter bei dem Landgericht Darmstadt, Antrag auf Eröffnung der Voruntersuchung, Frankfurt am Main, 12.3.1965, Bl. 2638.

13 HHStAW, 631a-1871, Beschluss im Ermittlungsverfahren durch Untersuchungsrichter Wagner, Darmstadt, 3.11.1965, Bl. 3283 f.

14 HHStAW, Abt. 631a, Bericht GStA Frankfurt an das Hessische Justizministerium vom 18.5.1965, Bl. 2040, zit. nach Matthias Meusch: Von der Diktatur zur Demokratie. Fritz Bauer und die Aufarbeitung der NS-Verbrechen in Hessen (1956-1968), Wiesbaden 2001, S. 310.

15 Vgl. zu dieser Zahl die Urteilsschrift der Darmstädter Richter von 1968, abgedruckt in: JuNSV XXXI, S. 38; der Historiker Bert Hoppe beziffert die Stärke des Kommandos hingegen auf rund 120 Mann, vgl. hierzu Hoppe: Babyn Jar, S. 7.

16 Ebd.

ten selektiv vor und sah keineswegs eine Verurteilung aller ihnen bekannten Männer, die an NS-Gewaltverbrechen beteiligt waren, vor. Womöglich geschah dies auch, um nicht allzu viel Aufmerksamkeit zu erzeugen, wodurch die Ermittlungen hätten behindert werden können. Am 20. Mai 1965 wurden gegen Callsen und fünf weitere Beschuldigte schließlich Haftbefehle erlassen.[17]

Obgleich die Vorermittlungen in vollem Gange waren und von Routine zeugten, sah sich die Generalstaatsanwaltschaft immer wieder mit neuen Herausforderungen konfrontiert. So war sie bereits vor der Eröffnung des Vorermittlungsverfahrens darauf aufmerksam geworden, dass sich unter den Verdächtigten auch der Leiter der uniformierten Polizei in Wiesbaden, Polizeioberrat Oskar Christ, befand.[18] Christ war 1941 als Leutnant der Schutzpolizei Mitglied des Polizeibataillons 314 gewesen, das dem Sk 4a eingegliedert und maßgeblich an der Durchführung von Massakern beteiligt gewesen war.[19] Um die laufenden Ermittlungen nicht zu stören, beschlossen die Staatsanwälte, einstweilen von »Disziplinarmassnahmen, insbesondere eine[r] Suspendierung« Christs abzusehen.[20] Ihm sollte lediglich seine Aufgabe als Leiter der Sicherheitsmaßnahmen für den geplanten Besuch der britischen Königin in Wiesbaden im Mai 1965 abgenommen werden, da es, so fürchteten die Staatsanwälte, später zu »erheblichen Weiterungen« führen könnte, »wenn sich herausstellte, dass Christ nationalsozialistische Gewaltverbrechen begangen hat«.[21] Christ wurde 1967 schließlich in einem eigenen Prozess vor dem Schwurgericht

17 HHStAW, 631a-1871, Aktenvermerk zum Haftbefehl durch Untersuchungsrichter Wagner, Darmstadt, 24.5.1965, Bl. 3331.

18 HStAD, H13 Darmstadt 1291-10, Abschlussbericht der Zentralen Stelle im Ermittlungskomplex Sk 4a, Ludwigsburg, 1.4.1964, Bl. 2177-2188.

19 Ebd., Bl. 2177.

20 HHStAW, 631a-2032, Aktenvermerk der GStA in der Strafsache gegen Kuno Callsen, Wiesbaden, März 1965, Bl. 12.

21 Ebd.

Wiesbaden angeklagt, allerdings wegen der eigenmächtigen Tötung einer jungen Russin in Charkiw, zu der er eigenen Aussagen zufolge ein intimes Verhältnis gehabt hatte.[22] Das Gericht sprach ihn frei,[23] nur der Weg zurück in den Polizeidienst blieb ihm versperrt.[24] Nicht weniger prekär als der Fall Christ war die Tatsache, dass sich nach Callsens Verhaftung herausstellte, dass dieser beste Beziehungen zu leitenden Angehörigen des BKA in Wiesbaden pflegte.[25] Bei allen Kontakten handelte es sich um ehemalige Kollegen aus dem RSHA, der Reichskriminalpolizei und dem Sicherheitsdienst.[26] Callsens brisantester Kontakt bestand zum Leiter des BKA, dem »Charlottenburger« und ehemaligen SS-Führer Paul Dickopf.[27] Beide Fälle zeigten, dass führende Positionen der bundesdeutschen Polizei weiterhin mit ehemaligen NS-Verbrechern durchsetzt waren – eine Feststellung, mit der die für die Zentrale Stelle tätige Staatsanwältin Barbara Just-Dahlmann in einem Vortrag bei einer Tagung der Evangelischen Akademie in Loccum 1961 noch einen öffentlichen Skandal ausgelöst hatte.[28] Sich der hitzigen öffentlichen Debatten über personelle Kontinuitäten des NS-Staats bewusst, versuchten die Staatsanwälte, die Informationen über NS-Verbrecher in den Ämtern der Bundesrepublik

22 HStAD, H13 Darmstadt 1291-63, Vernehmungsprotokoll Oskar Christ, Wiesbaden, 29.4.1965, Bl. 289.

23 O.A.: Zwei weitere NS-Prozesse, die am 28. November begannen, in: Bulletin des Comité International des Camps Nr. 22, 2.12.1967, S. 7; vgl. auch Meusch: Fritz Bauer, S. 334.

24 Vgl. Meusch: Fritz Bauer, S. 324; Dieter Schenk: Ein Herrenmensch, in: Ossietzky, (2009), H. 1, https://archiv.ossietzky.net/1-2009&textfile=471 (1.6.2024).

25 Vgl. Wojak: Fritz Bauer, S. 420.

26 Vgl. ebd.

27 Vgl. ebd.; zu Paul Dickopf und seiner Karriere s. Patrick Wagner: Hitlers Kriminalisten. Die deutsche Kriminalpolizei und der Nationalsozialismus, München 2002, S. 160ff.; Schenk: Wurzeln des BKA, S. 66-74; Baumann u.a.: Schatten der Vergangenheit, S. 69-78.

28 Vgl. Hofmann: Zentrale Stelle, S. 126-149; Weinke: Geschichte der Zentralen Stelle, S. 40-60.

offenbar mit Bedacht zu behandeln. Fritz Bauer selbst konnten solche Kontinuitäten kaum überraschen: Prominent hatte er Just-Dahlmann 1961 den Rücken gedeckt und seinen Kritikerinnen und Kritikern freimütig entgegnet, dass aufgrund der laufenden Ermittlungen in der Bundesrepublik so »mancher Herr« noch sein »blaues Wunder« erleben würde.[29]

Unmittelbar zum Zeitpunkt der Verfahrensübernahme brachte zudem das Ende der 20-jährigen Verjährungsfrist für Mordverbrechen die Ermittlungen in Gefahr.[30] Die Straftaten des Sk 4a drohten ab dem 9. Mai 1965 als verjährt zu gelten. Totschlagsdelikte, die mit einer Verjährungsfrist von 15 Jahren belegt waren, waren so bereits 1960 der Strafverfolgung entzogen worden.[31] Parallel zur Eröffnung der Vorermittlungen in Darmstadt wurde am 10. und 25. März 1965 im Bonner Bundestag über eine Verlängerung der regulären Verjährungsfrist für Mord debattiert.[32] Die medienwirksame Debatte endete schließlich mit einem Kompromiss:[33] Die Abgeordneten hatten sich weder auf eine Aufhebung noch auf eine – etwa von Fritz Bauer vorgeschlagene[34] – Verlängerung der Frist einigen können. Stattdessen behalf man sich, indem man die Frist erst 1949, dem Gründungsjahr der Bundesrepublik, beginnen ließ.[35] Im Jahr 1969 wurde die Verjährungsfrist dann erneut um zehn Jahre verlängert und 1979 ganz aufgehoben.[36] Durch die

29 Fritz Bauer, zit. nach Meusch: Fritz Bauer, S. 334; vgl. auch Hofmann: Zentrale Stelle, S. 141.

30 Vgl. Meusch: Fritz Bauer, S. 314.

31 Vgl. ebd., S. 313 f.

32 Vgl. Weinke: Geschichte der Zentralen Stelle, S. 71; s. auch Peter Reichel: Vergangenheitsbewältigung in Deutschland. Die Auseinandersetzung mit der NS-Diktatur in Politik und Justiz, 2. Aufl., München 2007 (zuerst 2001), S. 188.

33 Vgl. Weinke: Geschichte der Zentralen Stelle, S. 71.

34 Vgl. Fritz Bauer: Die Verjährung der nazistischen Massenverbrechen, in: Tribüne. Zeitschrift zum Verständnis des Judentums, 3 (1964), H. 12, S. 1249-1255; vgl. hierzu auch Meusch: Fritz Bauer, S. 316 f.

35 Vgl. Reichel: Vergangenheitsbewältigung, S. 191.

36 Vgl. Meusch: Fritz Bauer, S. 318; zur dritten Verjährungsdebatte s. Reichel: Vergangenheitsbewältigung, S. 193-198.

Verschiebung der Verjährungsfrist konnten zwischen 1965 und 1969 in mehr als 100 Verfahren rund 360 Personen wegen ihrer Beteiligung an NS-Gewaltverbrechen angeklagt werden, von denen 63 zu lebenslanger Haft und 160 zu zeitigen Freiheitsstrafen verurteilt wurden.[37] Unter ihnen befanden sich auch die in Darmstadt Angeklagten des Sonderkommandos 4a.

Tatort Babyn Jar: Grundlagenforschung und Beweismittelsuche im Angesicht des Kalten Kriegs

Als größtes Einzelmassaker des Zweiten Weltkriegs in Europa nahm das Massaker von Babyn Jar auch während der Ermittlungen gegen das Sk 4a unter Fritz Bauer eine besondere Stellung ein.[38] Neben den 1947 entdeckten »Ereignismeldungen UdSSR«, die zwar aus der Perspektive der Täter Auskunft über die quantitativen Ausmaße des Massakers, nicht aber über den Tatablauf selbst gaben, konnten sich die Staatsanwälte und ihr Team auch 1965 auf nur wenige geschichtswissenschaftliche Darstellungen des Ereignisses stützen.[39] So behandelte Gerald Reitlingers Werk *Die Endlösung*, das auch die Generalstaatsanwaltschaft als Grundlage für ihre Investigationen heranzog, Babyn Jar auf lediglich drei Seiten, die nur einige wenige Informationen über den Ablauf des Massakers lieferten.[40] Reitlinger berief sich in seiner Darstellung unter anderem auf die Protokollbände aus dem Nürnberger Einsatzgruppenprozess, insbesondere aber auf das von Wassili Grossmann und Ilja

37 Vgl. Reichel: Vergangenheitsbewältigung, S. 191.

38 HStAD, H13 Darmstadt, 1291-43, Anklageschrift der GStA in der Strafsache gegen Callsen und Andere, Frankfurt am Main, 12.1.1967, S. 310.

39 Wenngleich Fritz Bauer Raul Hilbergs Pionierwerk *Die Vernichtung der europäischen Juden* (1961) bekannt war, ist es unwahrscheinlich, dass die Ermittler es heranzogen, da es erst 1981 auf Deutsch erschien. Überdies fanden sich darin kaum Einzelheiten über das Massaker von Babyn Jar, vgl. hierzu Wojak: Fritz Bauer, S. 418.

40 Vgl. Reitlinger: Endlösung, S. 262 f.

Ehrenburg herausgegebene *Black Book of Soviet Jewry*, einen Sammelband von Dokumenten über die Verfolgung und Ermordung der sowjetischen Jüdinnen und Juden, der seit 1944 auf Russisch vorbereitet worden und bereits 1946 auf Englisch erschienen war.[41] Auch die sieben 1965 unter dem Titel *Anatomie des SS-Staats* veröffentlichten historischen Gutachten, die Mitarbeiter des Münchener IfZ für den Auschwitz-Prozess ausgearbeitet hatten, gaben den Staatsanwälten keine Auskunft über einzelne Massaker der Einsatzgruppen, wenngleich deren innerinstitutionelle Geschichte von Helmut Krausnick nuanciert herausgearbeitet worden war.[42]

Zwischen 1965 und 1967 stellte die Generalstaatsanwaltschaft daher eine eigene umfangreiche Materialsammlung zusammen, die von transkribierten Zeugenvernehmungen der Zentralen Stelle über eigene Befragungen und Vernehmungen von Augenzeuginnen und Augenzeugen, Kriegstagebücher, Korrespondenzen mit Überlebenden des Massakers bis hin zu literarischen Texten reichte.[43] Eine bereits ab 1963 von der Zentralen Stelle angelegte Lichtbildmappe umfasste zudem über 150 Personen-

41 Ilja Ehrenburg, Vasily Grossman: The Black Book. The Ruthless Murder of Jews by German-Fascist Invaders Throughout the Temporarily-Occupied Regions of The Soviet Union and in the Death Camps of Poland During the War of 1941-1945, aus dem Russischen übersetzt von John Glad und James S. Levine, New York 1981 (in unterschiedlichen Ausgaben, Sprachen und Umfängen erschienen seit 1944).

42 Vgl. Martin Broszat, Hans-Adolf Jacobsen, Helmut Krausnick: Anatomie des SS-Staats, 2 Bde., Bd. 2: Konzentrationslager. Kommissarbefehl. Judenverfolgung, Freiburg im Breisgau 1965, S. 360-380; Norbert Frei: Der Frankfurter Auschwitz-Prozeß und die deutsche Zeitgeschichtsforschung, in: Fritz Bauer Institut (Hrsg.): Auschwitz. Geschichte, Rezeption und Wirkung, Frankfurt am Main, New York 1996, S. 123-138; Pendas: Auschwitz-Prozess, S. 155; Weinke: Verfolgung von NS-Tätern, S. 241.

43 Diese finden sich vor allem in folgenden Aktenbeständen: HStAD, H13 Darmstadt, 1291-26 bis 50, Hauptakten Ermittlungsverfahren OLG Frankfurt; ebd., 1291-122f., Kopien von Ermittlungsakten der Zentralen Stelle; ebd., 1291-109, Lichtbildermappe.

aufnahmen und vereinzelt auch Bilder von Tatorten aus der Ukraine, die allerdings nicht alle unmittelbar in Zusammenhang mit dem Personal und den Verbrechen des Sk 4a standen.[44] Die Personenaufnahmen, darunter auch ein Foto von Callsen in SS-Uniform, dienten als Mittel zur Identifizierung der Täter und wurden den jeweiligen Zeuginnen und Zeugen in Vernehmungen in der Regel vorgelegt. Einige wenige Bildmappen sind beschriftet und zeigen, dass die Ermittler die Bilder teils aus dem Privatbesitz einstiger Angehöriger der Polizeibataillone, aus Ausschnitten aus den nationalsozialistischen »Wochenschauen« und aus nicht näher definierten »russischen Akten« bezogen hatten.[45]

Grundsätzlich ging es den Ermittlern in NSG-Prozessen bei der Auswertung solcher Materialien darum, »juristisch stichhaltige Beweise« dafür zu liefern, »daß bestimmte Personen bestimmte Straftaten begangen hatten«.[46] Eine besondere Rolle nahmen dabei die oben genannten Vernehmungsprotokolle der Zentralen Stelle ein, die den Hessischen Staatsanwälten vorlagen. Während die teils »impressionistisch-subjektiven Erlebnisfacetten«, die sich in den Protokollen finden ließen, für die Juristen weniger interessant gewesen sein mochten, sind sie es für Historikerinnen und Historiker umso mehr.[47] In Bezug auf Babyn Jar sind die Vernehmungsprotokolle aus dem Verfahren gegen Callsen und andere von der Geschichtswissenschaft aber bislang kaum beachtet worden.[48]

44 HStAD, H 13 Darmstadt, 1291-109, Lichtbildermappe Callsen u. a., ohne Paginierung.

45 Ebd.

46 Browning: Ganz normale Männer, S. 15.

47 Ebd.

48 Die US-amerikanische Historikerin Wendy Lower arbeitet mit einigen wenigen Vernehmungsprotokollen aus dem Callsen-Prozess. In Bezug auf Babyn Jar wertet Lower diese jedoch nicht aus, vgl. Lower: Nazi Empire-Building, S. 77-101, 233-242; auch Martin Dean stützt seine jüngst erschienene Studie zum Massaker von Babyn Jar auf eine Auswahl einschlägiger Zeugenvernehmungen aus dem Callsen-Prozess, vgl. ders.: Investigating Babyn Yar. Shadows from the Valley

Im Mai 1964 gab Kurt Willi Werner, ein ehemaliger Kraftwagenfahrer des Sk 4a, Folgendes zum Morden in der Schlucht von Babyn Jar zu Protokoll:

»Mir ist heute noch in Erinnerung, in welches Entsetzen die Juden kamen, die oben am Grubenrand zum ersten Mal auf die Leichen in der Grube hinunter blicken konnten. Viele Juden haben vor Schreck laut aufgeschrieen [sic]. Man kann sich gar nicht vorstellen, welche Nervenkraft es kostete, da unten diese schmutzige Tätigkeit auszuführen. Es war grauenhaft. (d. U.: der Zeuge bekommt Weinkrämpfe). Ich mußte den ganzen Vormittag über unten in der Schlucht bleiben. Dort mußte ich eine Zeitlang immer wieder schießen, und dann war ich damit beschäftigt, Magazine der MPi mit Munition zu füllen [...]. Die Juden wurden von uns bis zum Muldenrand hingeleitet, dort sind sie dann von selbst die Abhänge hinunter gelaufen. Die ganze Erschießung an diesem Tage mag etwa bis fünf oder sechs Uhr (17.00 oder 18.00 Uhr) gedauert haben. Anschließend wurden wir wieder in unser Quartier zurückgefahren. An diesem Abend hat es wieder Alkohol (Schnaps) gegeben. Wir waren alle froh, daß die Erschießung zu Ende war. Ich erinner mich genau, daß an diesem Tag die SS-Führer Dr. Funk, Jannsen [sic] und Häfner unten in der Mulde waren und sie laufend Fangschüsse auf nicht tödlich getroffene Juden abgegeben haben. Ich bin mir absolut sicher, diese Führer da unten gesehen zu haben. Dieses Erlebnis war so schrecklich und hat sich so tief in mir eingeprägt, daß ich es nie mehr vergessen kann, womit ich auch die Anwesenheit dieser Führer meine. Die anderen SS-Führer, darunter bestimmt Blobel, von Radetzki, Hans, Müller

of Death, Lanham u. a. 2023. Auszüge der Protokolle sind auch Gegenstand des Dokumentarfilms 204 AR-Z 269/60Y DIE PROTOKOLLE von Wolfgang Jost und Winfried Wallat aus dem Jahr 2012, https://www.youtube.com/watch?v=da_MYn1hALo&t=2691s (1.6.2024).

und Callsen standen oben am Muldenrand und schauten von dort aus den Exekutionen zu.«[49]

Neben der konkreten Benennung des beteiligten Personals bezeugte Werner in diesem Auszug seiner Vernehmung die Abläufe des Massakers: Er schilderte die Reaktionen der Opfer und gab Einblicke in einen arbeitsteiligen Ablauf des Mordens, der für ihn aus einem Wechsel von Erschießen und dem Laden von Munitionsmagazinen bestand. Darüber hinaus zeugte seine Aussage von der Mentalität der Täter und ihren Reaktionen auf das Töten: Die »schmutzige Tätigkeit« habe ihn und seine Kameraden eine unvorstellbare »Nervenkraft« gekostet. Ähnlich wie schon in Blobels Aussagen von 1947 galt Werners Mitleid damit vorrangig seiner eigenen Psyche und der seiner Kameraden, die versuchten, die Mordaktion am Abend durch gemeinsamen Alkoholkonsum zu bewältigen.[50] Eine zweite Vernehmung Werners im Juli 1965 gab noch detailliertere Einblicke in seine Reaktionen auf die Morde:

»Es war zu viel für einen Menschen, was wir erleben mussten. Als die Schichten höher wurden, mussten wir auf den Leichen herumlaufen. Unsere Stiefel waren mit Blut besudelt, es war grauenhaft, wenn man die Leichen unter den Stiefeln spürte. Ich habe mir schon mein Gehirn zermartert und mich gefragt, wie ich dazu fähig war, diesen ganzen Vorgang auszuhalten. Ich habe heute keine Erklärung dafür. Manchmal nehme ich an, man hätte uns irgendwie mit Spritzen soweit gebracht, dies zu tun. Ich kann es einfach seelisch nicht ertragen und bin froh, wenn ich mein Herz bei Ihnen erleichtern kann.

49 HStAD, H13 Darmstadt, 1291-11, Vernehmungsprotokoll Kurt Willi Werner, 28.5.1964, Bl. 2307.

50 Zur Rolle und Funktion von Alkohol während der Massaker s. Edward B. Westermann: »Ordinary Drinkers« and Ordinary »Males«? Alcohol, Masculinity, and Atrocity in the Holocaust, in: Thomas Pegelow Kaplan, Jürgen Matthäus, Mark W. Hornburg (Hrsg.): Beyond »Ordinary Men«. Christopher Browning and Holocaust Historiography, Paderborn 2019, S. 30-42.

Vermerk: Der Zeuge bekommt einen Weinkrampf, klopft auf den Tisch und sagt: ›Ich komm da nicht von, ich komm da nicht von.‹«[51]

Die Aussage schien der Generalstaatsanwaltschaft so repräsentativ für die Dynamik des Massakers von Babyn Jar gewesen zu sein, dass sie als unkommentiertes Zitat im Abschnitt »Die Durchführung der Exekutionen und ihre Auswirkungen« in ihre Schwurgerichtsanklage vom 12. Januar 1967 einging.[52] Offenbar hatte für Werner außer Frage gestanden, sich dem Morden durch eigene Entscheidungen zu entziehen – »müssen« und »aushalten« standen stattdessen im Vordergrund seiner Aussage.

Dass nicht jeder Zeuge in dieser Weise mit seiner Vergangenheit rang, zeigt sich an den Aussagen Viktor Trills, Kuno Callsens bereits erwähntem Fahrer. Im Mai 1964 erinnerte sich Trill: »Während der Erschießung [...] mußte ich insgesamt fünf bis sechsmal für jeweils 10 Minuten als Schütze tätig sein. Es kann sein, daß ich an diesem Tag persönlich zwischen 150 bis 250 Juden erschossen habe. Die ganze Erschießung ist reibungslos abgelaufen. Die Juden fügten sich wie die Lämmer ihrem Schicksal.«[53]

Den Staatsanwälten lag mit dieser Aussage ein Geständnis vor, das die Dimensionen des Massakers verdeutlichte: in knapp einer Stunde hatte ein einzelnes Mannschaftsmitglied des Sk 4a in Babyn Jar schätzungsweise 150 bis 250 Menschen erschossen. Die Sprache, mit der Trill das Morden beschrieb, ließ zudem keine Reue erkennen: Von einem »reibungslosen Ablauf«, sich »wie die Lämmer« fügenden Opfern und ihrem scheinbar unausweichlichen »Schicksal« war hier die Rede. Nicht nur zeugte diese Sprache damit über 20 Jahre nach dem Massaker von einer

51 HStAD, H13 Darmstadt, 1291-43, Vernehmungsprotokoll Kurt Willi Werner vom 12.7.1965, zit. nach Schwurgerichtsanklage, Frankfurt am Main, 12.1.1967, Bl. 105 f.

52 Ebd.

53 HStAD, H13 Darmstadt, 1291-11, Vernehmungsprotokoll Viktor Trill, o. O., 27.5.1964, Bl. 2279.

ideologischen Überzeugung des Täters,[54] vielmehr verwies sie auch auf seine psychische Distanzierung zu den Ermordeten, die in seiner metaphorischen Beschreibung des vermeintlich fügsamen Verhaltens der Opfer zum Ausdruck kam[55] – laut Christopher Browning zwei Faktoren dafür, dass während des Holocaust aus »ganz normalen Männern« Massenmörder werden konnten.[56]

Daneben offenbarten sich in den Aussagen der Zeugen auch die ökonomischen Dimensionen des Massakers von Babyn Jar. So gab der Sk 4a-Angehörige Anton Lauer im Juni 1964 zu Protokoll: »Der Erschießungsort war die Baby-Yar-Schlucht. Vor dieser Großaktion wurde die jüdische Bevölkerung von Kiew durch Plakatanschläge aufgefordert, sich zur Evakuierung zu melden. Die Juden kamen – Männer, Frauen und Kinder – in unendlich nicht abreißen wollenden Kolonnen durch eine Allee, an diesem Gelände an. Ich sehe jetzt noch die Bilder vor mir, wie sie durch einen doppelten Kordon von Wehrmacht und Polizei durchgingen. Teilweise hatten sie Handwagen, Kinderwagen und viel Gepäck dabei. Kleidung und Gepäck türmte sich so hoch, wie die Bäume, rechts und links der Straßenseite. Dort wurde nur mit MPi geschossen, nachdem die Juden sich erst ihres Gepäcks entledigen mußten. Bei der Ablegung des Gepäcks wurden den Juden durch Dolmetscher klar gemacht, daß ihr Gepäck verladen und per Bahn nachgesandt wird. Nun wurden die Juden etwa weitere 100 Meter zwischen dem Platz der Ablage des Gepäcks und des Schluchtrandes weitergeschleust.«[57]

Die hinterlassenen Besitztümer der in der Schlucht Ermordeten wurden daraufhin von Lauer und seinen Kameraden sortiert und weiterverwertet: »Nach Ende dieser Erschießungsaktion in Kiew waren die Angehörigen des SK 4a wochenlang

54 Vgl. Browning: Ganz normale Männer, S. 242 f.

55 Vgl. ebd., S. 211.

56 Vgl. ebd., S. 208-247.

57 HStAD, H13 Darmstadt 1291-11, Vernehmungsprotokoll Anton Lauer, Neunkirchen/Saar, 4.6.1964, Bl. 2388 f.

damit beschäftigt, die Kleider zu durchsuchen und zu sortieren. Wertsachen, die viel und oft gefunden wurden, wurden extra zur Seite gelegt. Ich selbst habe seinerzeit 14 Tage lang nur Rubel mit Hilfskräften zusammengezählt. Die erbeutete Geldsumme ging in Millionen. Gold, Schmuck, Uhren oder sonstige Wertsachen wurden in Säcken gesammelt. Dieses Wertgut soll angeblich dem RSHA in Berlin zugeführt worden sein.«[58]

Nicht nur waren die Opfer ermordet, auch war ihre Habe ins »Altreich« verbracht worden, um dort Krieg und »Volksgemeinschaft« zu finanzieren.

Aussagen wie jene von Werner, Trill und Lauer lieferten den Ermittlern nützliches Beweismaterial, doch war dies nicht bei allen Vernehmungen der Fall. Ein eindrückliches Beispiel hierfür stellen die Einlassungen Kuno Callsens dar, der zwar durch zahlreiche Zeugen im Zusammenhang mit dem Massaker von Babyn Jar belastet worden war, sich jedoch weigerte, mit den Ermittlern zu kooperieren, und leugnete, je in Kyjiw gewesen zu sein.[59] Callsen hatte schon in früheren, durch die Zentrale Stelle veranlassten Vernehmungen kaum Aussagen gemacht und stets bestritten, überhaupt Exekutionen geleitet zu haben.[60] Die Vehemenz seiner Leugnungsstrategie zeigte sich insbesondere im Juni 1965 bei einer Vernehmung durch den Untersuchungsrichter Heinrich Wagner in Darmstadt:[61] Wagner konfrontierte Callsen mit seiner Belastung durch andere Zeugen, doch gleich neunmal in Folge erwiderte dieser auf Wagners Fragen: »Ich war nicht in Kiew.«[62] Zweifelsohne wurde deutlich, dass es sich bei Callsens Aussageverweigerung angesichts der erdrückenden Beweislast um eine Lüge handelte. Diese musste jedoch – das mochte Callsen gewusst haben – laut Strafgesetz sanktionslos

58 Ebd., Bl. 2389f.

59 HStAD, H 13 Darmstadt, 1291-92, Vernehmungsprotokoll Kuno Callsen, Darmstadt, 17.4.1962, Bl. 1-24.

60 Ebd.

61 HStAD, H13 Darmstadt, 1291-92, Vernehmungsprotokoll Kuno Callsen, Darmstadt, 28.6.1965, Bl. 30-34.

62 Ebd.

bleiben, sofern der Vernommene mit ihr keine Unschuldigen belastete oder Beweise vernichtete.[63]

Während die Vorermittlungsunterlagen der Zentralen Stelle der hessischen Generalstaatsanwaltschaft in Bezug auf Täteraussagen eine breite Materialfülle geboten hatten, gestaltete sich die Suche nach den wenigen Überlebenden des Massakers oder anderweitigen Augenzeuginnen und Augenzeugen weitaus schwieriger. Im Februar 1966 hatten hessische Ermittler die inzwischen 82-jährige, in München lehrende ukrainische Historikerin Natalia Polonska-Morhun vernommen.[64] Polonska-Morhun hatte unter deutscher Besatzung in Kyjiw gelebt und an der dortigen Universität eine Professur innegehabt. Sie konnte keine konkreten Informationen über die Tathergänge in Babyn Jar geben, doch erfuhr die Generalstaatsanwaltschaft, dass sie damals von Freunden gehört hatte, »daß während der Nacht zwischen den Exekutionen schwer verwundete Menschen sich aus der Grube geschleppt hätten«.[65] Auf eine der wenigen potenziellen Zeuginnen stießen die Staatsanwälte schließlich über einen literarischen Text: Seit Oktober 1966 lagen ihnen die just in der Moskauer Monatszeitschrift *Junost* erschienenen und eigens für die Ermittlungen aus dem Russischen ins Deutsche übersetzten Erzählungen *Der Befehl* und *Babij Jar* des russisch-ukrainischen Autors Anatolij Kuznecov (1929-1979) vor.[66] In seiner Erzählung *Babij Jar* hatte Kuznecov das Schicksal einer der wenigen bekannten Überlebenden des Massakers, der bereits zitierten Kyjiwer Puppenspielerin

63 Johannes Schmidt: Einführung zu den juristischen Erläuterungen, in: Raphael Gross, Werner Renz (Hrsg.): Der Frankfurter Auschwitzprozess (1963-1965). Kommentierte Quellenedition, Frankfurt am Main, New York 2013, S. 91-104, hier: S. 95.

64 HStAD, H13 Darmstadt, 1291-28, Aktenvermerk zur Vernehmung von Frau Prof. Natalia Polonska-Morhun, Dornstadt, 18.2.1966, Bl. 5758 f.

65 Ebd., Bl. 5759.

66 HStAD, H13 Darmstadt, 1291-37, Beglaubigte Übersetzungen der Erzählungen *Der Befehl* und *Babij Jar* aus dem Russischen, 19./20.10.1966, Bl. 7675-7704.

Dina Proničeva (1911-1977), literarisch verarbeitet.[67] Noch im November 1966 wandte sich Untersuchungsrichter Wagner mit der Bitte, Proničeva in Darmstadt als Zeugin laden zu dürfen, an das Bezirksgericht Kyjiw.[68] Zu dieser Zeit hatte der KGB auf Unionsebene jedoch noch keine Entscheidung darüber gefällt, ob sowjetische Behörden das bundesdeutsche Verfahren gegen »Callsen u. A.« durch eine solche Zeugenbefragung unterstützen sollten.[69]

Grundsätzlich war die Kommunikation zwischen sowjetischen und westdeutschen Behörden im Angesicht des Kalten Kriegs eingeschränkt.[70] Fritz Bauer hatte sich daher mehrfach persönlich an den Leningrader Professor Nikolaj Sergejewitsch Alexejew gewandt, der bundesdeutschen Behörden bereits einzelne sowjetische Dokumente zugespielt hatte,[71] um auf informellem Weg herauszufinden, ob und in welchen sowjetischen Archiven sich mögliche Materialien über die Verbrechen des Sk 4a befänden.[72] Doch auch auf offiziellem Weg gestellte Anfragen an sowjetische Behörden blieben nicht ohne Resonanz: So wandte sich die Generalstaatsanwaltschaft Ende April 1967 mit der Bitte an das Darmstädter Schwurgericht, den Ende August geplanten Prozessbeginn auf den 2. Oktober 1967 zu verlegen, da das sowjetische Außenministerium ihr »mit einer Note vom 27.12.1966 u.a. Vernehmungsniederschriften übermittelt« hätte, die noch vor Prozessbeginn ausgewertet werden sollten, um angesichts der »bekannten Belastung der Gerichte«

67 Vgl. Berkhoff: Dina Pronicheva's Story, S. 292; ders.: Aussage, S. 43.

68 Vgl. Berkhoff: Aussage, S. 44.

69 Vgl. ebd.; Berkhoff beruft sich hier auf russische Quellenbestände, da deutsche Quellen für eine genauere Untersuchung dieser Kommunikationswege keine hinreichenden Auskünfte geben.

70 Vgl. Weinke: Verfolgung von NS-Tätern, S. 333-356.

71 HStAD, H13 Darmstadt, 1291-86, GStA Frankfurt an Landgerichtsrat Vinzenz Paquet, 16.2.1968, Bl. 9768 f.; s. auch Eichmüller: Keine Generalamnesie, S. 361 f.

72 HHStAW, 631a-2032, Brief Dr. Fritz Bauer an Prof. Dr. Nikolaj Sergejewitsch Alexejew, 29.6.1965, Bl. 112-115; vgl. auch Berkhoff: Aussage, S. 44, Fn. 8.

zu vermeiden, »die gleiche Vernichtungsaktion zum Gegenstand verschiedener Hauptverhandlungen zu machen«.[73] Eine Ausweitung des Verfahrens auf Grundlage dieses Materials unterblieb jedoch.

Trotz aller diplomatischen Unwägbarkeiten zwischen Ost und West, die sich anhand deutscher Quellen nur schlaglichtartig nachvollziehen lassen, wurde Proničeva im Februar 1967 von der Staatsanwaltschaft in Kyjiw zum Massaker von Babyn Jar befragt.[74] Obschon das sowjetische Außenministerium der deutschen Botschaft in Moskau erst am Tag der eigentlich geplanten Zeugenvernehmung im Prozess die Ausreisegenehmigung übermittelte, durfte Proničeva im April 1968 schließlich nach Darmstadt reisen, um vor dem Schwurgericht auszusagen.[75] Die Beweismittelsuche der Generalstaatsanwaltschaft zum Tatort Babyn Jar stellte damit insofern »Grundlagenforschung« dar, als über den Tathergang und die Täter in der Bundesrepublik der 1960er Jahre systematisch neues Wissen geschaffen wurde; bereits existierende, allerdings weit verstreute Materialien wurden auch jenseits des »Eisernen Vorhangs« zusammengetragen, mögliche Zeuginnen und Zeugen ausfindig gemacht und ihre – durch juristisches Erkenntnisinteresse präfigurierten – Zeugnisse von den Juristen ausgewertet.[76]

73 HStAD, H13 Darmstadt, 1291-88, GStA Frankfurt an Landgerichtsrat Vinzenz Paquet, 28.4.1967, Bl. 8791.

74 Vgl. Berkhoff: Aussage, S. 45.

75 HStAD, H13 Darmstadt, 1291-86, Auswärtiges Amt an Landgerichtsrat Vinzenz Paquet, Bonn, 22.4.1968, Bl. 9921 f.; vgl. Berkhoff: Aussage, S. 45.

76 Einen quellenkritischen Blick auf Vernehmungsprotokolle wirft Annette Weinke: Von der (Vor-)Ermittlungsbehörde zur »neuen« Täterforschung. Die Zentrale Stelle Ludwigsburg, in: Magnus Brechtken (Hrsg.): Aufarbeitung des Nationalsozialismus. Ein Kompendium, Göttingen 2021, S. 191-209, hier: S. 203.

Anklageschrift und Eröffnungsbeschluss (1967)

Mit der 496 Seiten starken, von Generalstaatsanwalt Fritz Bauer gezeichneten Anklageschrift schlossen die hessischen Ermittler am 12. Januar 1967 gemäß der deutschen Strafprozessordnung das Vorverfahren gegen Kuno Callsen und andere ab.[77] Das Schwurgericht am Landgericht Darmstadt hatte diese im darauf folgenden Zwischenverfahren zu prüfen und konnte die jeweiligen Fälle dabei abändern, ergänzen oder, wenn ihm das im Vorverfahren erbrachte Beweismaterial unzulänglich erschien, abweisen (§§ 207 II, 204 I StPO).[78] Der formelle Eröffnungsbeschluss des Gerichts und der ihm zugrundeliegende Anklagesatz steckten schließlich den Rahmen der Hauptverhandlung, des eigentlichen Prozesses vor Gericht, ab.[79]

Die Schwurgerichtsanklage der hessischen Generalstaatsanwaltschaft war, so wie auch in anderen NSG-Prozessen, historiografisches und juristisches Dokument zugleich:[80] Neben juristischen Bestandteilen wie der Vorlage von Beweismitteln nahm mit rund 100 Seiten eine historische Darstellung der »Tätigkeit der Einsatzgruppen der Sicherheitspolizei und des SD, insbesondere des Sonderkommandos 4a, in der Sowjetunion« einen nicht unbeträchtlichen Raum ein.[81] Die Generalstaatsanwaltschaft legte damit einen umfangreichen Bericht vor, der die zur Anklage stehenden Verbrechen in einen größeren historischen Zusammenhang einordnete und eine Grundlage für das Verständnis konkreter Anklagepunkte bildete.

77 HStAD, H13 Darmstadt, 1291-43, Anklageschrift der GStA in der Strafsache gegen Callsen und Andere, Frankfurt am Main, 12.1.1967, ohne laufende Paginierung.

78 Vgl. Pendas: Auschwitz-Prozess, S. 109.

79 Vgl. ebd., S. 109 f.

80 Für den Auschwitz-Prozess s. ebd., S. 111.

81 HStAD, H13 Darmstadt, 1291-43, Anklageschrift der GStA in der Strafsache gegen Callsen und Andere, Frankfurt am Main, 12.1.1967, S. 30-133.

Die in der Anklageschrift dargelegte Interpretation der Genese der Verfolgung und Ermordung der europäischen Jüdinnen und Juden lässt sich mit den Begriffen der heutigen Holocaustforschung als »intentionalistisch« bezeichnen:[82] Sie reichte zeitlich bis zum Programm der NSDAP von 1920 zurück und betonte, wie die Verfolgung der Jüdinnen und Juden als »Kernpunkt nationalsozialistischer Weltanschauung« durch die Befehle von Hitler, Himmler und Heydrich nach 1933 realisiert wurde. Spätestens im Frühjahr 1941, nachdem das Regime erkannt habe, dass eine Vertreibung der Jüdinnen und Juden – der sogenannte Madagaskar-Plan – nicht realisierbar sei, habe Hitler den Befehl »zur ›Endlösung der Judenfrage‹ im Sinne einer totalen Vernichtung aller Juden im damaligen und künftigen deutschen Herrschaftsbereich« gegeben.[83] Noch bevor »nach entsprechender Vorbereitung« durch Himmler und Heydrich »die bekannten Lager Auschwitz, Treblinka, Belzec, Sobibor und andere ihre Vernichtungsarbeit« aufnahmen, bot, wie es heißt, »der damals bevorstehende Feldzug gegen die Sowjetunion Hitler, Himmler und Heydrich Gelegenheit, das als besonders minderwertig angesehene ›Ostjudentum‹ zu vernichten und damit die ›Endlösung der Judenfrage‹ voranzutreiben«.[84]

Intentionalistische Deutungen wie diese zeugten zunächst vom historischen Wissensstand der 1960er Jahre.[85] Am Beispiel des Auschwitz-Prozesses weist der US-amerikanische Historiker Devin O. Pendas jedoch darauf hin, dass solche Deutungen auch die rechtlichen Zwänge, denen die Staatsanwaltschaften unterlagen, widerspiegelten: In den 1960er Jahren hätten die

82 Vgl. Pendas: Auschwitz-Prozess, S. 116; zum Begriff des »Intentionalismus« in der Holocaustforschung s. etwa Ian Kershaw: Der NS-Staat, 4. Aufl., Hamburg 2009 (englische Erstveröffentlichung 1985), S. 114-147.

83 HStAD, H13 Darmstadt, 1291-43, Anklageschrift der GStA in der Strafsache gegen Callsen und Andere, Frankfurt am Main, 12.1.1967, S. 36.

84 Ebd., S. 37.

85 Die Ermittler bezogen sich dabei vor allem auf Reitlinger: Endlösung.

bundesdeutschen Gerichte Hitler, Himmler und Heydrich »schon lange zu ›Haupttätern‹ der ›Judenvernichtung‹ erklärt und alle anderen zu Mittätern oder Gehilfen«.[86] Alternative Deutungen – also »funktionalistische« beziehungsweise »strukturalistische«, die sich für einen schrittweisen Radikalisierungsprozess der NS-Mordpolitik aussprachen[87] – wären demnach juristisch vermutlich unbrauchbar gewesen.[88]

Zudem legten die Staatsanwälte in ihrer Darstellung einen Fokus auf die Brutalität der Morde, die Todesqualen der Opfer sowie die Unmittelbarkeit des Tötens.[89] Auch dies erfüllte einen dezidiert juristischen Zweck: So sollte die Verurteilung bestimmter Angeklagter als Mittäter und nicht nur als Gehilfen zum Mord erreicht werden – strafrechtliche Kategorien, die in den juristischen Teilen der Anklageschrift besonderer rechtlicher Würdigung bedurften.[90] Während die »Hauptkriegsverbrecher« in den Nürnberger Prozessen nach dem Völkerrecht für Straftatbestände wie Verbrechen gegen die Menschlichkeit verurteilt worden waren, war die bundesdeutsche Strafverfolgung der NS-Gewaltverbrechen an das herkömmliche deutsche Strafrecht und seine Straftatbestände gebunden.[91] Alle bundesdeutschen NSG-Prozesse wurden seit Anfang der 1950er Jahre nach dem zur Tatzeit geltenden Strafrecht, das im deutschen Strafgesetzbuch (StGB) niedergelegt ist, geführt.[92] Dass der Straftatbestand Verbrechen gegen die Menschlichkeit nicht in das bundesdeutsche Strafgesetz eingegangen war, lag, so wird

86 Vgl. Pendas: Auschwitz-Prozess, S. 116.
87 Zur Debatte zwischen »Intentionalisten« und »Funktionalisten« in der Holocaustforschung s. Nicolas Berg: Der Holocaust und die westdeutschen Historiker. Erforschung und Erinnerung, Göttingen 2003, S. 511-515.
88 Vgl. Pendas: Auschwitz-Prozess, S. 117.
89 HStAD, H13 Darmstadt, 1291-43, Anklageschrift der GStA in der Strafsache gegen Callsen und Andere, Frankfurt am Main, 12.1.1967, S. 98, 107.
90 Vgl. Pendas: Auschwitz-Prozess, S. 118f.
91 Vgl. ebd., S. 57.
92 Vgl. ebd.

von deutschen Juristinnen und Juristen bis heute fast einhellig erklärt, am sogenannten Rückwirkungsverbot:[93] Diesem auch als *nulla poena*-Prinzip bezeichneten Verbot zufolge konnte nur Anklage wegen einfachen Mordes erhoben werden – dem einzigen unter der Herrschaft der Nationalsozialisten gültigen Straftatbestand, der 1967 noch nicht verjährt war.[94] Historikerinnen und Historiker wie Martin Broszat und Rechtswissenschaftlerinnen und Rechtswissenschaftler wie Lawrence Douglas haben aufgezeigt, dass diese Rechtsauffassung nicht alternativlos war und auf parlamentarischem Wege leicht hätte korrigiert werden können.[95] Der Umstand, dass die im Holocaust begangenen Verbrechen mit der Rechtskategorie »Mord« zur Anklage gebracht werden mussten, erschwerte die Verurteilung von NS-Verbrechern ungemein: »Mörder ist, wer aus Mordlust, zur Befriedigung des Geschlechtstriebs, aus Habgier oder sonst aus niedrigen Beweggründen, heimtückisch oder grausam oder mit gemeingefährlichen Mitteln oder um eine andere Straftat zu ermöglichen oder zu verdecken, einen Menschen tötet«, heißt es in Paragraf 211, Absatz 2 des Strafgesetzbuchs. Da die Anklage erreichen musste, dass die NS-Verbrechen diese Kriterien erfüllten, formten diese auch das Narrativ der historischen Zusammenhänge, das in der Anklageschrift dargelegt wurde.[96]

In den juristischen Bestandteilen der Anklageschrift standen damit nicht nur die konkreten Tatnachweise für einzelne Verbrechen im Vordergrund, sondern auch die Frage, ob die Beschuldigten als »Täter« oder »Gehilfen« angeklagt werden soll-

93 Vgl. Lawrence Douglas: Was damals Recht war ... *Nulla poena* und die strafrechtliche Verfolgung von Verbrechen gegen die Menschlichkeit im besetzten Deutschland, in: Priemel, Stiller (Hrsg.): NMT, S. 719-754; Schmidt: Einführung, S. 96.

94 Zur Verjährungsdebatte s. Kapitel 5; Douglas: Recht, S. 748.

95 Vgl. Martin Broszat: Siegerjustiz oder strafrechtliche »Selbstreinigung«. Aspekte der Vergangenheitsbewältigung der deutschen Justiz während der Besatzungszeit 1945-1949, in: Vierteljahrshefte für Zeitgeschichte, 29 (1981), H. 4, S. 479-544, hier: S. 540 f.; Douglas, Recht, S. 747.

96 Vgl. Pendas: Auschwitz-Prozess, S. 60; Schmidt: Einführung, S. 99.

ten. Dieser Frage lag die juristische Unterscheidung zwischen Tat und Beihilfe zur Tat zugrunde, die seitens der Anklage mit der subjektiven Motivation der Angeklagten begründet werden musste – eine diffizile Entscheidung, für die das deutsche Strafgesetzbuch nur vage Vorgaben liefert.[97] Konkret äußerte sich dieser Umstand in der Anklageschrift gegen Callsen und seine Mitangeschuldigten wie folgt: Callsen sowie Häfner, Hans und Woithon wurden der Mittäterschaft angeklagt, da es sich bei ihnen »nicht um eingeschüchterte Uniformträger, die einen Verbrechensbefehl innerlich widerstrebend in dem Gefühl des Bedrängtseins unter übermächtigem fremdem Einfluss befolgten. Sie fanden sich bedenkenlos und willig bereit die ihnen erteilten Befehle auszuführen.«[98] Bei Viktor Trill hingegen, der allein in Babyn Jar bis zu 250 Menschen erschossen hatte, war sich die Anklage unsicher, ob er als Täter angeklagt werden könne: »Einem Manne wie dem Angeschuldigten, der dem Sonderkommando 4a als Kraftfahrer angehörte und zu den geistig schwerfälligen Menschen zu rechnen ist, eröffnete sich kaum die Möglichkeit, sich den erteilten Befehlen zu entziehen«, schloss die Generalstaatsanwaltschaft.[99] Während nur vier Beschuldigte als Täter angeklagt wurden, wurden vier wegen Beihilfe zum Mord angeklagt, bei den übrigen Dreien, darunter Trill, blieb die Anklage unentschlossen und überließ dem Schwurgericht in letzter Instanz die Entscheidung über Täter- oder Gehilfenschaft.[100] Diese Entscheidung hatte insbesondere in Bezug auf das mögliche Strafmaß der Angeschuldigten bedeutende praktische Folgen: Während laut Paragraf 211 StGB auf Mord lebenslange Freiheitsstrafe steht, konnten Gehilfen zum Mord in den 1960er Jahren mit erheblich geringeren Strafen rechnen, welche die Gerichte mit mildernden Umständen

97 Vgl. Pendas: Auschwitz-Prozess, S. 66 ff.

98 HStAD, H13 Darmstadt, 1291-43, Anklageschrift der GStA in der Strafsache gegen Callsen und Andere, Frankfurt am Main, 12.1.1967, S. 427.

99 Ebd., S. 440.

100 Ebd., S. 425-443.

rechtfertigen konnten (§§ 44, 49 StGB).[101] Im Falle Callsens lautete die Anklage, basierend auf Dutzenden Dokumenten und Zeugenvernehmungen, konkret wie folgt: »In der Einheit war er rangältester Offizier und wurde deshalb überwiegend als Stellvertreter von Standartenführer Blobel angesehen [...]. Tatsächlich übernahm er in Luzk die Führung des Kommandos [...], führte häufig die morgendlichen Appelle durch [...], teilte öfter die Mannschaften für die Erschiessungen ein und bestimmte teilweise den Exekutionsleiter [...], wobei er in seinem Auftreten sehr bestimmt war und sich nicht dreinreden liess [...]. Schon damit nahm er auf die Erschiessungen einen bestimmenden Einfluss, der nach der Rechtsprechung ebenfalls Mittäterschaft indiziert [...]. Er war im Stabe Blobel aber nicht nur mit der Planung der bevorstehenden Erschiessungen befasst, sondern beteiligte sich auch unmittelbar an insgesamt mindestens neun Exekutionen [...], die er teilweise neben Blobel, zum Teil aber auch selbstständig leitete. Dabei überwachte er, dass die erteilten Vernichtungsbefehle rückhaltlos und möglichst gründlich vollzogen wurden [...]. Einem solchen Befehlsempfänger mit eigenem Interesse und besonderer Initiative konnte Blobel auch die Führung selbstständiger Voraus- und Teilkommandos übertragen.

Nach alledem ist der Angeschuldigte Callsen als Mittäter anzusehen.«[102]

Die am 12. Januar 1967 vorgelegte Anklageschrift der Generalstaatsanwaltschaft wurde im anschließenden Zwischenverfahren vom Schwurgericht am Landgericht Darmstadt, dessen Vorsitz Landgerichtsrat Vinzenz Paquet innehatte, geprüft. Am 19. April 1967 legte das Gericht seinen Eröffnungsbeschluss vor: Geradezu unscheinbar auf nur zwei Seiten abgefasst, schloss sich das Gericht in allen Punkten der Anklageschrift der Gene-

101 Vgl. Pendas: Auschwitz-Prozess, S. 66.

102 HStAD, H13 Darmstadt, 1291-43, Anklageschrift der GStA in der Strafsache gegen Callsen und Andere, Frankfurt am Main, 12.1.1967, S. 427-430.

ralstaatsanwaltschaft an und eröffnete damit das Hauptverfahren des Darmstädter Einsatzgruppenprozesses.[103]

103 HStAD, H13 Darmstadt, 1291-46, Eröffnungsbeschluss des Schwurgerichts am Landgericht Darmstadt, 18.4.1967, Bl. 9103-9106.

6 KUNO CALLSEN VOR DEM SCHWURGERICHT DARMSTADT (1967/68)

Prozessauftakt – Akteure – Beweisaufnahme

In der Eröffnung des Prozesses gegen »Kuno Callsen und Andere wegen Mordes und Beihilfe zum Mord« kulminierten die seit sieben Jahren von bundesdeutschen Justizbehörden durchgeführten Ermittlungen gegen die ehemaligen Angehörigen des Sk 4a. Jeweils montags und dienstags sollten ab dem 2. Oktober 1967 die Verhandlungen vor dem Schwurgericht Darmstadt stattfinden.[1] Das Schwurgericht, ein für Kapitaldelikte zuständiges Richterkollegium an deutschen Landgerichten, bestand aus drei Berufsrichtern und sechs gelosten Geschworenen (mit Schöffen vergleichbaren Laienrichterinnen und -richtern), die grundsätzlich gleiches Gewicht und gleiche Rechte während der Verhandlungen hatten.[2] An der Spitze der Berufsrichter stand im Callsen-Prozess Landgerichtsrat Vinzenz Paquet, der die Verhandlungen leitete. Die beisitzenden Richter waren Amtsgerichtsrat Heinrich Wagner, der schon als Untersuchungsrichter am Vorverfahren beteiligt gewesen war, und Amtsgerichtsrat Wenzel.[3] Neben den Richtern und Geschworenen war die Generalstaatsanwaltschaft während des gesamten Hauptverfahrens in der Funktion anwesend, die Rechtmäßigkeit des Verfahrens

1 HStAD, H13 Darmstadt, 1291-88, Landgerichtspräsident Darmstadt an Landgerichtsrat Vinzenz Paquet, 10.5.1967, Bl. 8809.

2 Vgl. Schmidt: Einführung, S. 94.

3 HStAD, H13 Darmstadt, 1291-131, Protokoll der Hauptverhandlung, 2.10.1967. Wenzels Vorname ist unbekannt, Bl. 2 f.

zu überwachen.[4] Wie bereits in früheren Prozessen trat Generalstaatsanwalt Fritz Bauer nicht persönlich in Erscheinung, sondern wurde wie schon im Vorverfahren von seinen Ersten Staatsanwälten Bernd Uhse und Georg Friedrich Vogel vertreten.[5] Neben dem Hauptangeklagten Kuno Callsen erschienen vor Gericht die zehn Angeklagten August Häfner, Kurt Hans, Adolf Janssen, Alexander Riesle, Victor Woithon, Georg Pfarrkircher, Heinrich Huhn, Ernst Consée, Viktor Trill und Christian Schulte.[6] Callsen, Häfner, Hans, Janssen und Woithon wurden dem Gericht aus der Untersuchungshaft vorgestellt, in der sie sich seit rund zweieinhalb Jahren befanden.[7] Alle Angeklagten waren durch je ein bis drei Verteidigerinnen beziehungsweise Verteidiger vertreten, von denen einige schon in früheren NSG-Prozessen aufgetreten waren: So wurde der Angeklagte Häfner etwa durch den bekannten Münchener Rechtsanwalt Dr. Rudolf Aschenauer verteidigt, der bereits Mandate für Otto Ohlendorf im Nürnberger Einsatzgruppenprozess sowie für den Hauptangeklagten im großen Auschwitz-Prozess, Wilhelm Boger, übernommen hatte.[8] Auch Callsens Pflichtverteidiger, Dr. Hans Fertig und Dr. Hermann Stolting II, hatten im Auschwitz-Prozess Angeklagte vertreten.

Nur das, was dem Schwurgericht im Gerichtssaal formell als Beweis präsentiert wurde, konnte später in der Urteilsbildung auch als solcher bewertet werden.[9] Geladen und angehört wurden neben den elf Angeklagten in erster Linie ehemalige SS- oder Polizeiangehörige, zudem sachverständige Juristen und Historiker sowie – wenngleich bei Weitem unterrepräsentiert –

4 Vgl. Schmidt: Einführung, S. 96.
5 HStAD, H13 Darmstadt, 1291-131, Protokoll der Hauptverhandlung, 2.10.1967, Bl. 2.
6 Ebd., Bl. 1.
7 Ebd.
8 Ebd., S. 3; zu Aschenauer s. Hilary Earl: SS-Einsatzgruppen Trial, S. 198-203; Pendas: Auschwitz-Prozess, S. 162 f.; Hubert Seliger: Politische Anwälte? Die Verteidiger der Nürnberger Prozesse, Baden-Baden 2016, S. 345-357.
9 Vgl. Pendas: Auschwitz-Prozess, S. 152.

Überlebende der Verbrechen des Sk 4a. Nach der Verlesung der Anklage durch die Generalstaatsanwaltschaft wurden im Prozessverlauf zunächst die Angeklagten angehört, um Auskunft zu ihrer Person geben und ihre Version des Tathergangs darlegen zu können.[10] Angefangen mit Callsen als Hauptangeklagtem, schilderten alle elf ihre persönlichen und politischen Werdegänge. Callsen überging dabei die Verbrechen, für die sein Kommando verantwortlich gewesen war. Ihm zufolge hatte er im Sk 4a lediglich nachrichtendienstliche Aufgaben erfüllt: Vorträge über »Land und Leute« wollte er gehalten, nicht aber Massaker durchgeführt haben.[11] Über »Judenvernichtung« sei von Beginn seines Auftrags an nicht die Rede gewesen. Am 4. oder 5. Oktober 1941 sei er wieder »ins Reich zurückgekommen«, um sein Studium in Berlin abzuschließen und seine sicherheitsdienstliche Laufbahn weiterzuverfolgen.[12] Ähnlich wie Callsen klammerten auch seine zehn Mitangeklagten die Massaker an der jüdischen Bevölkerung in der Ukraine aus ihren Tätigkeiten aus – Tenor ihrer Aussagen bildeten vermeintliches Unwissen sowie Erinnerungsschwäche bezüglich der Massenmorde.[13]

Neben den Angeklagten sagte eine Reihe von Sachverständigen vor Gericht aus, die laut deutscher Strafprozessordnung zur Klärung schwieriger Fachfragen ausdrücklich hinzugezogen werden sollten (§§ 82-85).[14] Unter ihnen befand sich etwa der US-amerikanische Jurist Benjamin Ferencz, der 20 Jahre zuvor Chefankläger im Nürnberger Einsatzgruppenprozess gewesen war.[15] Nachdem Ferencz im Februar 1968 von Landgerichtsrat

10 Auch im Auschwitz-Prozess wurden zunächst die Angeklagten angehört, vgl. Pendas: Auschwitz-Prozess, S. 130.

11 HStAD, H13 Darmstadt, 1291-131, Protokoll der Hauptverhandlung, 2.10.1967, Bl. 12 f.

12 Ebd., S. 14.

13 HStAD, H13 Darmstadt, 1291-131, Protokoll der Hauptverhandlung, 2.10.-10.10.1967, Bl. 9-25, 27-88.

14 Vgl. Eichmüller: Keine Generalamnestie, S. 365.

15 Ferencz wirkte später auch in weiteren bundesdeutschen NSG-Prozessen mit, etwa am Landgericht Stuttgart, vgl. Benjamin Ferencz an Michael G. Shanahan, New York, 7.7.1972, abgedruckt in: Gosch-

Paquet als Zeuge geladen worden war, sagte er am 13. Mai 1968 vor dem Schwurgericht in Darmstadt aus.[16] Gegenstand seiner Aussage war die Frage, ob im Rahmen des Nürnberger Einsatzgruppenprozesses 1947 gerichtlich verfügt worden war, das Verfahren gegen Kurt Hans hinsichtlich Vorwürfen gegen das Sk 4a einzustellen. Erst Ferencz' Verneinung dieser vermeintlichen Detailfrage, für die der vielbeschäftigte Jurist eigens nach Deutschland eingeflogen worden war, ermöglichte die weitere Strafverfolgung des Angeklagten Hans, weil vor Gericht nunmehr bewiesen war, dass es sich in Hans' Fall – anders als von ihm und seiner Verteidigung behauptet – nicht um eine unrechtmäßige doppelte Strafverfolgung handelte.[17]

Wie bereits im großen Auschwitz-Prozess rief das Gericht auch sachverständige Historiker in den Zeugenstand.[18] Als »präsente Beweismittel« sagten Helmut Krausnick, seinerzeit Direktor des Münchener IfZ, sowie sein wissenschaftlicher Mitarbeiter Hans Buchheim im November 1967 vor dem Schwurgericht in Darmstadt aus.[19] Im Juni des Folgejahres sagte außerdem der von Rudolf Aschenauer geladene Göttin-

ler, Böick, Reus (Hrsg.): Kriegsverbrechen, Restitution, Prävention, S. 175-178.

16 HStAD, H13 Darmstadt, 1291-86, Landgerichtsrat Vinzenz Paquet an Benjamin B. Ferencz, Darmstadt, 15.2.1968, Bl. 9745; ebd., 1291-138, Protokoll der Hauptverhandlung, 13.5.1968, Bl. 1866-1886.

17 Ebd.

18 Zur Rolle der Historiker im ersten Auschwitz-Prozess s. Frei: Frankfurter Auschwitz-Prozeß, S. 123-132; Irmtrud Wojak: Die Verschmelzung von Geschichte und Kriminologie. Historische Gutachten im ersten Frankfurter Auschwitz-Prozeß, in: Norbert Frei, Dirk van Laak, Michael Stolleis (Hrsg.): Geschichte vor Gericht. Historiker, Richter und die Suche nach Gerechtigkeit, München 2000, S. 29-45; Pendas: Auschwitz-Prozess, S. 151-164.

19 HStAD, H13 Darmstadt, 1291-132, Protokoll der Hauptverhandlung, 13./14.11.1967, Bl. 418-477, 480-550; zur Wirkung der Gutachten aus dem Auschwitz-Prozess s. Frei: Frankfurter Auschwitz-Prozeß, S. 126-130.

ger Historiker Hans-Günther Seraphim aus.[20] Krausnick und Buchheim trugen auf Grundlage ihrer 1965 veröffentlichten Gutachten aus dem Auschwitz-Prozess zur »Judenpolitik und Judenverfolgung unter dem Nationalsozialismus 1933-1945« zum Problem des Befehlsnotstands sowie zur Organisation der Einsatzgruppen und ihrer Kommandos vor.[21] In der Eröffnung seines Vortrags reflektierte Buchheim seine Aufgabe als Historiker, die für alle historischen Gutachter im Prozess galt: »Ich sehe meine Aufgabe vor allen Dingen darin als zeitgeschichtlicher Sachverständiger, nicht, dass man Einzeldinge schildert, die ich viel weniger gut weiss, als diejenigen, die hier die Vernehmung gemacht haben bezw. die hier an der Verhandlung teilnehmen, sondern gewissermassen die Landschaft darzustellen, die grossen Zusammenhänge, in denen sich dann der Einzelfall, der hier zur Verhandlung steht, abgespielt hat.«[22]

Wenngleich die historischen Gutachten im Callsen-Prozess größtenteils bereits vorgetragene und sogar veröffentlichte historische Befunde zitierten, zeugte die Konsultation von sachverständigen Historikern von der aufklärerischen Intention, die Fritz Bauer allen unter seiner Ägide geführten NSG-Prozessen zuschrieb.[23]

Charakteristisch für den Darmstädter Einsatzgruppenprozess und die in ihm zur Anklage stehenden Verbrechen war die weitgehende Leerstelle, welche die Überlebendenzeugen im Vergleich zu anderen Prozessen darstellten:[24] Kaum jemand

20 HStAD, H13 Darmstadt, 1291-106/107, alphabetische Kartei zu den im Prozess vernommenen Zeuginnen und Zeugen, ohne Paginierung.

21 Ebd.; die veröffentlichten Gutachten finden sich in Broszat, Jacobsen, Krausnick: Anatomie des SS-Staats.

22 HStAD, H13 Darmstadt, 1291-132, Protokoll der Hauptverhandlung, 13.11.1967, Bl. 418 f.

23 Vgl. Frei: Frankfurter Auschwitz-Prozeß, S. 127.

24 Zu den Narrativen der Überlebendenzeuginnen und -zeugen im Auschwitz-Prozess s. Rebecca Wittmann: Telling the Story. Survivor Testimony and the Narration of the Frankfurt Auschwitz-Trial, in: Bulletin of the German Historical Institute, 32 (2003), S. 93-101.

hatte die Massaker des Sk 4a überlebt und so es Überlebende gab, war es für die hessischen Behörden schwierig gewesen, sie im sowjetischen Einflussbereich ausfindig zu machen. Anders als im Auschwitz-Prozess etwa, konnten im gesamten Prozess von den 171 geladenen Zeuginnen und Zeugen im April 1968 lediglich zwei Frauen im Namen der von der Generalstaatsanwaltschaft auf rund 80.000 geschätzten Opfer des Sk 4a in Darmstadt aussagen: die 57-jährige, in Kyjiw lebende Dina Proničeva und die 44-jährige, in Oslo lebende Vera Bogucka, die beide auf unwahrscheinlichste Weise das Massaker von Babyn Jar überlebt hatten.[25]

Während die Staatsanwaltschaft Proničeva selbst ausfindig gemacht und kontaktiert hatte, hatte Bogucka in einer norwegischen Zeitung von den Ermittlungen gegen das Sk 4a erfahren und sich daraufhin eigeninitiativ an die westdeutsche Botschaft in Oslo gewandt, um sich als Zeugin bereitzustellen.[26] Proničeva hatte bereits 1946 vor dem sowjetischen Militärtribunal in Kyjiw Zeugnis abgelegt.[27] Heute ist Proničeva, die 1977 in Kyjiw starb, in der Öffentlichkeit weitgehend vergessen; ihr Darmstädter Zeugnis wurde anlässlich des 80. Gedenktags an das Massaker von Babyn Jar 2021 jedoch erstmals auf Deutsch veröffentlicht.[28] Noch weniger als über Proničeva ist in Deutschland über Vera Bogucka (geb. 1924) bekannt. Nachdem Bogucka als 16-Jährige das Gelände von Babyn Jar am zweiten Tag der Erschießungen auf Verhandlungen ihrer Mutter hin hatte verlassen dürfen, war sie nach Polen geflohen und von dort unter falscher Identität als Zwangsarbeiterin mit der »Organisation Todt« über Deutsch-

25 HStAD, H13 Darmstadt, 1291-137, Protokoll der Hauptverhandlung, 23.4.1968, Bl. 1746-1757; ebd., 1291-138, Protokoll der Hauptverhandlung, 29.4.1968, Bl. 1758-1770.

26 HStAD, H13 Darmstadt, 1291-85, Botschaft der Bundesrepublik Deutschland an GStA Frankfurt, Oslo, 16.1.1968, Bl. 9657.

27 Vgl. Berkhoff: Aussage, S. 42; Davies, Makhotina: Offene Wunden, S. 105; Ausschnitte des Zeugnisses mit englischen Untertiteln und nachbearbeiteter Tonqualität sind online zugänglich: https://www.youtube.com/watch?v=g42AvLG1s1E (1.6.2024).

28 Vgl. ebd.

land nach Norwegen verschleppt worden, wo sie ihre Befreiung erlebte und sich – weiterhin unter polnischer Identität – niederließ.[29] Ihre Aussage im Darmstädter Einsatzgruppenprozess war über lange Zeit das einzige von ihr überlieferte Zeugnis. Im Jahr 2001 erschien unter dem Titel *Wera. Flukten fra Babij Jar* (Wera. Die Flucht aus Babi Jar) ihre Überlebensgeschichte, die der norwegische Journalist Tore Strømøy, zu dem Bogucka Kontakt gesucht hatte, festgehalten hatte.[30]

Sowohl Proničeva als auch Bogucka traten vor dem Darmstädter Schwurgericht als Zeuginnen auf, die in der Diktion des großen Auschwitz-Prozesses als »Milieuzeuginnen« bezeichnet werden können: Sie konnten keine konkreten Täter belasten, doch die Beweisführung durch ihre Schilderungen des allgemeinen Tathergangs in Babyn Jar stützen.[31] Abgesehen von der in literaturwissenschaftlichen und philosophischen Diskursen nachdrücklich konstatierten »Aporie der Zeugenschaft«, die im Bezeugen eines Ereignisses, dessen »eigentliche« Zeuginnen und Zeugen allesamt getötet worden waren, liegt, werden sich die beiden Frauen im Klima der bundesdeutschen Nachkriegszeit auch mit konkreten Anfechtungen im Gerichtssaal konfrontiert gesehen haben.[32] Zwar wird der Eichmann-

29 S. zu Vera Bogucka, wenngleich nur kursorisch, Gertraud Rothlauf: Vom Schtetl zum Polarkreis. Juden und Judentum in der norwegischen Literatur (Diss.), Wien 2009, S. 175 f.

30 Vgl. ebd.; Tore Strømøy: Wera. Flukten fra Babij Jar, Oslo 2001. Es gibt keine Übersetzungen ihrer Geschichte aus dem Norwegischen.

31 Vgl. Pendas: Auschwitz-Prozess, S. 164; zu den Überlebenden als Akteure im Auschwitz-Prozess s. insb. Stengel: Die Überlebenden, S. 229-439.

32 Zur Überlebendenperspektive auf die den Zeugnissen inhärente »Leerstelle« s. Primo Levi: Die Untergegangenen und die Geretteten, München 1993 (italienische Erstveröffentlichung 1986), S. 85 f.; s. zur »Aporie der Zeugenschaft« aus der Reihe der Auseinandersetzung mit der Überlebenszeugenschaft durch postmoderne Autorinnen und Autoren insb. Giorgio Agamben: Was von Auschwitz bleibt. Das Archiv und der Zeuge, Frankfurt am Main 2003, S. 13-35; s. hierzu auch Sigrid Weigel: Zeugnis und Zeugenschaft, Klage und Anklage. Die Geste des Bezeugens in der Differenz von »identity

Prozess in Jerusalem 1961 seitens der Geschichtswissenschaft als zentrales Entstehungsmoment der historischen Figur der Überlebendenzeuginnen und -zeugen gehandelt,[33] doch kamen diesen bis in die 1980er Jahre keine besonderen Rechte oder Schutzvorkehrungen in Prozessen zu.[34] Ob und inwiefern sich diese Besonderheiten der Überlebendenzeugenschaft im Falle Proničevas und Boguckas niederschlugen, lässt sich aufgrund der Quellenüberlieferung kaum rekonstruieren. Festhalten lässt sich jedoch, dass 1968 zwei aus der Sowjetunion stammende Frauen jüdischer Herkunft, die 1941 in Babyn Jar ihrer Familien und beinahe auch ihres eigenen Lebens beraubt worden waren, im Land der Täter in einem von deutschen, männlichen Juristen dominierten Gerichtssaal standen und ihre Überlebensgeschichte zu Protokoll gaben – schon dies machte ihre Rolle vor dem Darmstädter Schwurgericht zu einer außergewöhnlichen.

In ihren Aussagen bezeugten Proničeva und Bogucka die Brutalität des Mordens und die Umstände ihres Überlebens in Babyn Jar. Proničeva hatte sich als nichtjüdisch ausgegeben, war daher von ihrer Familie getrennt worden und hatte sich, als sie doch erschossen werden sollte, in die Schlucht gestürzt, bevor ein Schuss sie treffen konnte. Zunächst lebendig begraben, konnte sie sich befreien und bei nichtjüdischen Bekannten in Sicherheit bringen.[35] Auch die zu dem Zeitpunkt 16-jährige Bogucka war von ihrer Mutter als nichtjüdisch ausgegeben worden und durfte, nachdem sie die Nacht schon auf dem Gelände von Babyn Jar verbracht hatte, das Areal unter dem Vorwand

politics«, juristischem und historiographischem Diskurs, in: Zeugnis und Zeugenschaft. Einstein-Forum Jahrbuch 1999, Berlin 2000, S. 111-135, hier: S. 119-123.

33 Vgl. Wieviorka: Entstehung des Zeugen, S. 136-159; Hanna Yablonka: Die Bedeutung der Zeugenaussagen im Prozess gegen Adolf Eichmann, in: Martin Sabrow, Norbert Frei (Hrsg.): Die Geburt des Zeitzeugen nach 1945, Göttingen 2012, S. 176-198.

34 Vgl. Stengel: Die Überlebenden, S. 46.

35 HStAD, H13 Darmstadt, 1291-138, Protokoll der Hauptverhandlung, 29.4.1968, Bl. 1763-1770.

verlassen, ihre Geburtsurkunde als Herkunftsnachweis zu besorgen:[36]

»Ich wurde gefragt, ob ich eine Geburtsurkunde hätte. Ich sagte ja, aber diese sei in der Schule. Wenn er Ukrainer gewesen wäre, hätte er wissen müssen, dass das nicht stimmt, aber er hat es geglaubt. [...]

– Rechtsanwalt Dr. Praschifka verliess um 10.55 Uhr die Sitzung. –

[...] Ich habe einen Passierschein bekommen. Mir wurde ein Weg gezeigt, den ich gehen sollte. Ich habe nur Gott angefleht, dass meine Mutter nicht gepeinigt würde und dass sie nicht leiden musste.

– Rechtsanwalt Glenz entfernte sich um 11.00 Uhr aus der Sitzung, auch Rechtsanwalt Haag. –

Ich habe die Wache passiert. Der Mann, der mir den Zettel wegnahm, sagte etwas. Entweder sagte er: ›Du bist die Erste‹, oder aber er sagte: ›Du bist die Letzte‹.«[37]

Ob »Erste« oder »Letzte«, die die Absperrung offiziell hatte verlassen dürfen – Bogucka war ein seltener Ausnahmefall gewesen, wie ihr die Wache in ihrer Erinnerung zu verstehen gab. Während sie Zeugnis von ihrem Überleben des Massakers ablegte, verließen, so gibt die Prozessdokumentation zu erkennen, ununterbrochen Verteidiger für längere Pausen den Gerichtssaal. In nur fünf Minuten waren es hier gleich drei Männer, die sich als Strafverteidiger qua ihrer Profession der Wirkung einer jeden Regung im Gerichtssaal bewusst gewesen sein mussten und einen Eindruck von »Gleichgültigkeit oder gar Respektlosigkeit« offenbar in Kauf nahmen.[38] Ähnliches spielte sich eine Woche darauf während der Anhörung Proničevas ab.[39] Inwiefern dieses Verhalten von den beiden Zeuginnen selbst registriert wurde, ist unklar. Die Wirkung dieses Verhaltens –

36 HStAD, H13 Darmstadt, 1291-137, Protokoll der Hauptverhandlung, 23.4.1968, Bl. 1750-1752.

37 Ebd., Bl. 1751 f.

38 In Bezug auf das Zeugnis Proničevas s. Berkhoff: Aussage, S. 46.

39 Vgl. ebd.

wie auch immer es von Zeitgenossinnen und Zeitgenossen wahrgenommen wurde – kann jedoch so gedeutet werden, dass man den Erzählungen der Überlebenden seitens der Verteidigung keinen juristischen Erkenntnisgewinn zusprach und eine mögliche Belastung der Angeklagten durch die Zeugnisse Überlebender a priori für ausgeschlossen hielt.

Aufgrund der Vielzahl der geladenen Zeuginnen und Zeugen kann die Prozessphase der Beweisaufnahme vor dem Darmstädter Schwurgericht nur schlaglichtartig charakterisiert werden. Die hochformalisierten Abläufe vor Gericht, die Erklärungsmuster der Angeklagten sowie die Aussagen der Sachverständigen entsprachen weitgehend dem, was man auch in anderen bundesdeutschen Schwurgerichtssälen der 1960er Jahre hatte beobachten können. Die Verbrechen jedoch, die in Darmstadt zur Anklage standen, machen den Prozess aus heutiger Sicht zu einem besonderen: Erstmals in der Justizgeschichte der Bundesrepublik standen die Verbrechen des Sk 4a, die Teil des Auftakts zum systematischen Massenmord an den europäischen Jüdinnen und Juden waren, vor Gericht. Insbesondere die Aussagen der Überlebenden des größten Einzelmassakers des Holocaust in Babyn Jar zeugten detailliert vom Morden jenseits der nationalsozialistischen Konzentrations- und Vernichtungslager und verliehen den auf 80.000 bezifferten, durch das Sk 4a ermordeten Jüdinnen und Juden zum ersten Mal vor einem bundesdeutschen Gericht Gesicht und Stimme.

Das Plädoyer des Strafverteidigers Hans Fertig

Nachdem die Beweisaufnahme abgeschlossen war, hielten sowohl Staatsanwaltschaft als auch Verteidigung am Ende der Hauptverhandlung ihre Schlussvorträge – im Falle der Strafverteidiger ein Plädoyer für ihre angeklagten Mandanten, welches das gesamte Verfahren aus Perspektive der Verteidigung zusammenfassen und der Entlastung der Angeklagten dienen sollte. Die Rolle der Verteidiger in NSG-Prozessen war eine auffällige:

Sie mussten Männern im Verlauf der Prozesse zur Seite stehen, die an nationalsozialistischen Massenmorden teilgenommen hatten, und gegen Beweisführungen der Anklage argumentieren, die von kaum vorstellbarer Grausamkeit gegenüber ihren Opfern zeugten.[40] Grundsätzlich sind Verteidiger dazu verpflichtet, parteiisch zu sein und im Interesse ihrer Klienten zu argumentieren, zum anderen aber auch dazu – anders als die Angeklagten selbst –, die Wahrheit zu sagen.[41] Dieser Widerspruch lässt sich dem Juristen Justus Warburg zufolge in der Praxis nur wie folgt auflösen: »Was ein Anwalt sagt, muss wahr sein, aber ein Anwalt muss nicht alles sagen, was wahr ist.«[42] Neben einer Gesamtinterpretation des Verfahrens sprechen die Strafverteidiger auch eine Empfehlung für die Urteilsbildung des Gerichts aus. Diese lautet zumeist »Freispruch« oder sieht mildere Sanktionen als die von der Anklage geforderten vor.[43]

Kuno Callsens erster Strafverteidiger Hans Fertig trug im Oktober 1968 das Plädoyer für seinen Mandanten vor dem Darmstädter Schwurgericht vor. Der Prozess gegen Callsen und andere war nur einer von rund einem Dutzend NSG-Prozessen, in denen Fertig, angefangen mit dem ersten Auschwitz-Prozess, als Strafverteidiger auftrat. Über Fertigs Person ist kaum etwas bekannt, doch seine Arbeit ist durch seinen überlieferten Vorlass ausführlich dokumentiert.[44] An drei Verhandlungsta-

40 Die Rolle der Strafverteidiger in bundesdeutschen NSG-Prozessen ist – anders als für die Nürnberger Prozesse (s. hierzu Seliger: Politische Anwälte) – noch nicht systematisch untersucht worden. Zu ihrer Rolle im Auschwitz-Prozess s. exemplarisch Pendas: Auschwitz-Prozess, S. 97-101, sowie Christian Dirks: Selekteure als Lebensretter. Die Verteidigungsstrategie des Rechtsanwalts Dr. Hans Latenser, in: Irmtrud Wojak (Hrsg.): »Gerichtstag halten über uns selbst …«. Geschichte und Wirkung des ersten Frankfurter Auschwitz-Prozesses, Frankfurt am Main, New York 2001, S. 163-192.

41 Vgl. ebd.

42 Justus R. G. Warburg: Die anwaltliche Praxis in Strafsachen, Stuttgart u. a. 1985, S. 5.

43 Vgl. Pendas: Auschwitz-Prozess, S. 100.

44 Archiv des Fritz Bauer Instituts, VL Fert.

gen, dem 7., 8. und 14. Oktober 1968, verlas Fertig sein rund 280 Seiten starkes Plädoyer für Callsen vor Gericht. Dieses war nur eines von insgesamt elf im Prozess und nicht repräsentativ für sämtliche Verteidigungsstrategien, die im Prozess verfolgt wurden. Dennoch lässt sich durch Fertigs Plädoyer beispielhaft aufzeigen, wie ein bundesdeutscher Strafverteidiger der 1960er Jahre seine eigene Rolle auffasste, wie er mittels innerjuristischer Argumentationslinien gegen die erdrückende Beweislast der Anklage vorging und wie er überdies auch zeitgenössische vergangenheitspolitische Narrative in sein Plädoyer einwob.[45]

Einleitend steckte Fertig den Rahmen seines Schlussvortrags ab. Er betonte, die »Geschehnisse im Jahre 1941 in der Ukraine« nicht in Zweifel ziehen oder sie rechtfertigen, sondern ausschließlich die Frage beantworten zu wollen, ob Callsen an ihnen beteiligt gewesen war, und dabei die Vorwürfe der Generalstaatsanwaltschaft zu widerlegen.[46] »Angesichts der Schwere und des ungeheuren Ausmasses der Taten«, die den Gegenstand des Prozesses bildeten, wandte er sich explizit an die Richter und Geschworenen, ihm neutral entgegenzutreten und seine Worte »unvoreingenommen aufzunehmen«.[47] Wenngleich Fertig sein Mitgefühl für die Opfer aussprach, konstatierte er, dass seine Ausführungen, anders als jene der Anklage, nicht auf diesem Mitgefühl, sondern auf »vernünftigen Ueberlegungen und Erwägungen« aufbauten.[48]

In Bezug auf die Strafbarkeit der zur Anklage stehenden Verbrechen bemühte Fertig sowohl juristische als auch vergangenheitspolitische Argumentationslinien. Diese reichten

45 Eine umfassende und vergleichende Analyse aller elf Plädoyers steht noch aus und kann im Rahmen dieser Arbeit nicht geleistet werden. Als historische Referenz und Folie für die exemplarische Untersuchung von Fertigs Plädoyer dient Devin O. Pendas' Untersuchung der Verteidigungsstrategien im ersten Frankfurter Auschwitz-Prozess, s. Pendas: Auschwitz-Prozess, S. 225-241.

46 Archiv des Fritz Bauer Instituts, VL Fert-08/1, Plädoyer des Rechtsanwalts Hans Fertig für Kuno Callsen, 7./8./14.10.1968, S. 1.

47 Ebd., S. 2.

48 Ebd., S. 5.

von der Forderung nach einem Schlussstrich unter das Kapitel des Nationalsozialismus über den Verbrauch der Strafklage dadurch, dass Callsen den Alliierten zwar namentlich bekannt, aber nicht verurteilt worden war, bis hin zu der Ansicht, dass summarische Erschießungen von Zivilpersonen erst seit dem Genfer Abkommen vom 12. August 1949 völkerrechtswidrig gewesen seien.[49] Fertigs zentrales Gedankengebäude bezüglich der Strafbarkeit der Verbrechen bildete jedoch seine bereits im Auschwitz-Prozess vertretene Auffassung, dass die Staatsgewalt der Bundesrepublik – und damit auch ihre Gerichtsbarkeit – dieselbe wie jene des NS-Regimes sei.[50] Die Staatsgewalt der Bundesrepublik, die auch dem hiesigen Gericht seine Funktion gebe, sei der sogenannten Kontinuitätslehre folgend »identisch mit der Staatsgewalt, die die Einsatzgruppen schuf und ihnen die Befehle erteilte [...]; sie macht sich«, so postulierte Fertig, »praktisch selbst den Prozess.«[51] Derartige Sophismen insinuierten, dass die im Prozess zur Anklage stehenden Verbrechen nicht strafbar seien und eigentlich gar keine Straftatbestände darstellten – ein Argument, das weitreichende politische und historiografische Implikationen besaß, da Fertig damit letztlich versuchte, die bundesdeutsche Strafverfolgung von NS-Verbrechen grundsätzlich zu delegitimieren.[52]

Die Beweiswürdigungsmethode der Generalstaatsanwaltschaft kritisierte Fertig, indem er die Glaubwürdigkeit der Zeuginnen und Zeugen anzweifelte. Nicht nur sei ihr Gedächtnis nach über 25 Jahren unzuverlässig,[53] sondern die Staatsanwaltschaft habe den Zeugenstand mehr noch durch »suspekte Vernehmungsmethoden« zu ihren »Gehilfen« gemacht.[54]

49 Ebd., S. 8-30.
50 Ebd., S. 13 f.
51 Ebd., S. 14 f.
52 Zu Hans Fertigs Plädoyer für seinen Mandanten Josef Klehr im Auschwitz-Prozess s. Pendas: Auschwitz-Prozess, S. 232 f.
53 Archiv des Fritz Bauer Instituts, VL Fert-08/1, Plädoyer des Rechtsanwalts Hans Fertig für Kuno Callsen, 7./8./14.10.1968, S. 44.
54 Ebd., S. 70.

Callsen sei überdies nur aufgrund seines militärischen Rangs als SS-Hauptsturmführer zum Hauptangeklagten gemacht worden; objektiv habe Callsen jedoch keine Zeugenaussage konkret belasten können.[55] Mittels seiner eigenen Beweiswürdigung versuchte Fertig, dieses Bild zu untermauern. Überhaupt sei es schwierig – und hier mochte Fertig in der Tat auf eine juristische Schwäche der Anklageschrift eingehen –, Callsen gegen die Vorwürfe der Anklage zu verteidigen: Welchen Straftatbestand sah die Anklage eigentlich genau vor, wenn sie etwa von »Erschießen lassen« sprach?[56] Das Kernargument von Fertigs Beweiswürdigung war jedoch nicht minder problematisch: Er konstatierte, dass die Angehörigen des Sk 4a, ohne zuvor über ihre Aufgabenfelder unterrichtet worden zu sein, für »Judenerschiessungen missbraucht«[57] worden seien, und räumte der Erklärung der Aufgaben des Sicherheitsdiensts, für den Callsen tätig gewesen war, beträchtlichen Raum ein. Dabei kam er zu dem Schluss, dass Callsen, so wie dieser selbst während des Prozesses beharrlich behauptet hatte, lediglich sicherheitsdienstliche Aufgaben ausgeführt und sein militärischer Rang im SD daher keine Rolle gespielt habe.[58] Überhaupt hätten »diese kleinen Führer und Unterführer«, wie Fertig es formulierte, keinen Einfluss auf die »geschichtliche Epoche« des Nationalsozialismus gehabt. Hieraus schloss Fertig: »[D]iese Männer sind nichts anderes als zufällige Figuren eines Prozesses, der auch ohne ihre Existenz stattfinden würde. Sie sind auswechselbare Opfer der Laune des Schicksals, das sie nur deshalb traf, weil es zufällig keine anderen traf.«[59] »Schön pathetisch!!« kommentierte eine unbekannte Hand hierunter in Rot, doch handelte es sich bei diesem Argument keineswegs nur um Pathos, sondern Fertig verwies hiermit nachdrücklich auf das strafrechtliche Paradox, dass sich Täter juristisch als nichtschuldig betrachten

55 Ebd., S. 62 f.
56 Ebd., S. 89.
57 Ebd., S. 98 f.
58 Ebd., S. 177.
59 Ebd., S. 127.

können, wenn sie austauschbar sind.[60] Auf Basis dieser Grundannahmen plädierte Fertig in allen Fällen der Anklage, so auch dem »Fall Kiew«, für den Freispruch Callsens: Zu vage seien die Tatnachweise der Anklage, zu unzuverlässig die Belastungszeugen, man dürfe seinen Mandanten nicht aufgrund seines Dienstrangs verurteilen, so der Kern von Fertigs Plädoyer.[61]

Bevor Fertig seinen Schlussantrag stellte, kam er ein letztes Mal auf die Person Callsens zurück, denn aus seinem politischen Werdegang könne keineswegs geschlossen werden, dass er Antisemit gewesen sei.[62] »Sieht so ein ›Träger des Terrors‹ aus?«, wandte sich Fertig gar in Bezug auf Callsens Erscheinung an das Gericht.[63] Abschließend beantragte Fertig, das »Verfahren auf Kosten der Staatskasse einzustellen«, den Angeklagten Callsen freizusprechen und den Haftbefehl gegen ihn aufzuheben.[64]

Ob und inwiefern dem Plädoyer Hans Fertigs für Kuno Callsen eine persönliche politische Agenda zugrunde lag, bleibt offen. In seiner Rolle als Strafverteidiger Callsens verfolgte er jedoch Argumentationslinien, die im gesellschaftlichen und politischen Kontext der späten 1960er Jahre vor einem bundesdeutschen Gericht erfolgversprechend sein mussten. Wohl zu Recht verwies Fertig auf juristische Probleme und argumentative Schwächen der Anklage, die sich zwangsläufig aus der Verfolgung von NS-Verbrechen mit dem herkömmlichen Strafrecht ergaben.[65] Seine Grundthese jedoch, dass die juristische Aufarbeitung der NS-Gewaltverbrechen nicht legitim sei, da sich die Bundesrepublik als Nachfolgerin des NS-Staats »selbst den Prozess« mache, zeugte davon, dass Fertig nicht davor zurückscheute, innerjuristisches Terrain zu überschreiten und mit polemischen Argumenten dezidiert vergangenheitspolitisches

60 Ebd.; s. hierzu auch Pendas: Auschwitz-Prozess, S. 228.
61 Archiv des Fritz Bauer Instituts, VL Fert-08/1, Plädoyer des Rechtsanwalts Hans Fertig für Kuno Callsen, 7./8./14.10.1968, S. 99-243.
62 Ebd., S. 269.
63 Ebd., S. 271.
64 Ebd., S. 277.
65 Vgl. Pendas: Auschwitz-Prozess, S. 240.

zu betreten. Hatte Fertig auch wiederholt betont, dass es sich bei dem Prozess gegen Callsen nicht um einen politischen handeln dürfe, so besaßen seine eigenen Argumente selbst große politische und historische Reichweite, die die Legitimität der bundesdeutschen Justiz und damit auch jene aller NSG-Prozesse grundsätzlich in Zweifel zog.[66]

Das Urteil (1968), sein juristisches Nachspiel und der Strafvollzug

Fritz Bauer sollte das Urteil des Darmstädter Schwurgerichts am 29. November 1968 nicht mehr miterleben. Bis zu seinem Tod Anfang Juli desselben Jahrs hatte er den Callsen-Prozess durch die Presseberichterstattung jedoch intensiv verfolgt.[67] Juristisch stellte die Urteilsverkündung das wichtigste Moment des gesamten Verfahrens dar.[68] Nicht nur traf das Gericht eine Entscheidung über das Schicksal der Angeklagten, sondern legte auch eine finale Interpretation des Tatgeschehens vor. Anders als die bis dahin im Prozessverlauf dargelegten Interpretationen zu den Verbrechen des Sk 4a, etwa in der Anklageschrift der Generalstaatsanwaltschaft oder den Plädoyers der Strafverteidiger, hatte das Schlussurteil des Gerichts nahezu Gesetzeskraft.[69] 107 Verhandlungstage waren dem Urteil vorangegangen, das am 29. November 1968 im Gerichtssaal verkündet wurde. Das schriftliche Urteil umfasst rund 700 Seiten.[70] Nachdem die Personalia der Angeklagten im ersten Abschnitt festgehalten wurden, folgten im zweiten Abschnitt der Schrift eine historische Abhandlung zur »Vorgeschichte des Befehls zur ›Sonder-

66 Zu dieser Deutung s. ebd., S. 235.

67 Irmtrud Wojak führt dies auf seine Anstreichungen im Pressespiegel der Generalstaatsanwaltschaft zurück, vgl. Wojak: Fritz Bauer, S. 426.

68 Vgl. hierzu Pendas: Auschwitz-Prozess, S. 244.

69 Vgl. ebd.

70 JuNSV XXXI, S. 7-275.

behandlung potentieller Gegner«‹, die »rechtliche Würdigung der Verantwortlichkeit der Urheber und Haupttäter« und eine Auseinandersetzung mit prozessualen Einwänden der Verteidigung, die als »Vorfragen der Strafverfolgung« abgehandelt wurden. Der dritte und umfangreichste Abschnitt widmete sich eingehend den Einzeltaten und ihren Tätern, der vierte nahm rechtliche Sonderfragen wie jene nach der Verfolgungsverjährung in den Blick, im fünften erfolgte die Strafzumessung.[71]

Die historische Abhandlung in der Urteilsschrift folgte einem Narrativ, das durch juristisches Erkenntnisinteresse präfiguriert war und den Ausführungen der Anklageschrift sowie jenen der historischen Gutachter des Münchener IfZ entsprach. Das Gericht kam zu der Überzeugung, dass der Auftrag zur »Sonderbehandlung der potentiellen Gegner«, in den die Kommandoführer Mitte 1941 eingeführt worden seien, »in der klaren Vorstellung« erfolgt sei, »dass die Vernichtung der zahlreichen Menschen nur mit einer gnadenlosen Härte und einer darauf zwangsläufig folgenden Grausamkeit, die man vorhersah und auch billigte, durchgeführt werden konnte«.[72] Die Vernichtungsmaßnahmen seien rechtswidrig gewesen und aus niedrigen Beweggründen, grausam und heimtückisch durchgeführt worden, was dem Straftatbestand »Mord« entsprach.[73]

Die von der Verteidigung erhobenen Vorwürfe, dass das Verfahren nicht rechtmäßig zustande gekommen sei, wies das Gericht zurück: Das Gericht sah keinerlei formale Mängel im Prozessverlauf und entgegnete dem von Fertig vertretenen Einwand, die Bundesrepublik mache sich selbst den Prozess, dass die Bundesrepublik »im übrigen als Rechtsstaat mit der damaligen verbrecherischen Staatsführung nichts gemein« habe.[74] Die durch das NS-Regime »herbeigeführte allgemeine Rechtslosigkeit«, so schloss das Gericht, würde die strafrechtliche

71 Ebd., S. 1-5.
72 Ebd.
73 Ebd., S. 44, 47f.
74 Ebd., S. 52.

Schuld Einzelner nicht ausschließen.[75] Minutiös zeichneten die Juristen auf dieser rechtlichen Grundlage die »den Angeklagten angelasteten Einzeltaten« im dritten Abschnitt der Urteilsschrift nach. In insgesamt 21 Fällen, sortiert nach Tatorten, hielt das Gericht das Tatgeschehen fest und wägte anhand der Beweismittel ab, ob und inwiefern die jeweiligen Angeklagten an den Taten beteiligt waren (»Beweiswürdigung«). »Fall 18, C XI Kiew« behandelte das Massaker von Babyn Jar.[76] Nach einer detaillierten Schilderung des Tathergangs, die dem heutigen Forschungsstand in kaum etwas nachsteht, schloss das Gericht: »Die Tötung schuldloser Personen nur wegen ihrer Abstammung in dieser Weise ist ein krasser Verstoss gegen die auch dem primitivsten Menschen bewussten Grundsätze über das Recht eines jeden Menschen auf sein Leben [...]. Sämtliche Angeklagte konnten deswegen nach der Überzeugung des Schwurgerichts keinen Zweifel an dem Unrecht, dem Verbrecherischen der befohlenen Exekutionen haben und hatten einen solchen Zweifel auch nicht.«[77]

In Bezug auf Kuno Callsen, der beharrlich bestritten hatte, zur Tatzeit am Tatort gewesen zu sein, kam das Gericht aufgrund der Beweislage zu dem Schluss, dass er nicht nur »als befehlsbefugter Offiziersgrad des SK 4a auf dem Exekutionsgelände« anwesend gewesen sei, sondern neben Blobel auch »den Ablauf der Exekution und die Ausführung der erteilten Befehle überwachte«.[78] Er habe um den »Judentötungsbefehl« und die Qualen der Opfer gewusst, habe erkannt, dass es sich bei den Exekutionen um Verbrechen handelte und sich als »gehorsamer Gefolgsmann der damaligen Machthaber« nicht gegen die verbrecherischen Befehle aufgelehnt.[79] Und dennoch musste das Gericht hier – wie auch in allen anderen Anklagepunkten – feststellen, und damit in diesem Punkt der Verteidigung

75 Ebd.
76 Ebd., S. 180-222.
77 Ebd., S. 190.
78 Ebd., S. 184.
79 Ebd., S. 199.

zustimmen, dass ihm nicht nachgewiesen werden konnte, dass er das »›Ob‹ und ›Wie‹ der Tat« beherrscht hatte.[80] Callsen konnte, so das Gericht, nicht »widerlegt werden, dass er die Exekutionen innerlich ablehnte«.[81] Das Gericht musste daher annehmen, dass er »lediglich befehlsgemäss fremdes Tun der Taturheber [...] unterstützen wollte«.[82] Callsen wurde daher, wie alle anderen Angeklagten, nicht als Mittäter, sondern als Gehilfe zum Mord verurteilt.[83] Dies war alles, was juristisch von der umfangreichen Anklage übrigblieb.

Die Strafzumessung durch das Schwurgericht erfolgte in dem Bewusstsein, dass es ihm nicht darum gehen könne, »alle vom SK 4a auf seinem von Strömen von Blut und Bergen von Leichen gesäumten Weg durch die Ukraine begangenen Verbrechen zu sühnen«.[84] Angesichts der Kürze eines Menschenlebens sei es kaum möglich, eine angemessene »irdische Strafe« für diese Verbrechen zu finden. Die allgemeine Höchststrafe für alle Angeklagten sei zwar naheliegend, doch habe das Gericht nach dem »persönlich geleisteten und nachgewiesenen Tatbeitrag« der jeweiligen Angeklagten zu urteilen.[85] Diese Argumentation wurde auch von anderen Gerichten, etwa dem Frankfurter Schwurgericht im Auschwitz-Prozess, bemüht, um dem Vorwurf zu milder Strafurteile zuvorzukommen.[86] Kuno Callsen und seine nunmehr neun Mitangeklagten – der Angeklagte Huhn war verstorben – wurden allesamt der Beihilfe zum Mord schuldig gesprochen, Callsen als Hauptangeklagter in fünf Fällen. Er erhielt eine Gesamtstrafe von 15 Jahren Zuchthaus, und seine bürgerlichen Ehrenrechte wurden ihm für zehn Jahre aberkannt.[87] Die Strafmaße von Häfner, Hans,

80 Ebd.
81 Ebd.
82 Ebd.
83 Ebd., S. 220.
84 Ebd., S. 260.
85 Ebd.
86 Vgl. hierzu Pendas: Auschwitz-Prozess, S. 248.
87 JuNSV XXXI, S. 8, 277.

Janssen, Riesle, Woithon und Schulte variierten zwischen vier und elf Jahren Zuchthaus und der Aberkennung ihrer bürgerlichen Ehrenrechte.[88] Besonders frappierend erscheint, dass im Falle der Angeklagten Pfarrkircher, Consée und Trill, die, wie im Falle Trills ganz deutlich belegt, mehrere hundert Menschen persönlich erschossen hatten, von einer Bestrafung abgesehen wurde.[89] Sie alle sollten nicht aus »eigenem Antrieb« gehandelt, sondern nur Befehle befolgt haben.[90] Im Falle Trills etwa erachtete das Gericht »unter der Konfliktslage in die der autoritätsgläubige geistig schwerfällige Trill geraten war, eine Bestrafung als nicht mehr gerechtfertigte Härte«.[91]

Formal endete der Darmstädter Einsatzgruppenprozess mit der Verkündung des Urteils durch das Schwurgericht, doch blieb er nicht ohne juristisches Nachspiel. Sowohl legten die Generalstaatsanwaltschaft im Falle Pfarrkirchers, der ungestraft davongekommen war,[92] als auch alle Angeklagten Revision ein, sodass das Urteil im April 1973 vor den Bundesgerichtshof (BGH), also das oberste Gericht der Bundesrepublik, ging.[93] Die bis 1968 in Untersuchungshaft befindlichen Angeklagten waren bis zur Revision wieder auf freiem Fuß, Callsen fand 1970/71 sogar kurzzeitig Anstellung als Verkaufsmitarbeiter bei Gärtner & Co. KG, einem Frankfurter Geschäft für automatische Verkaufseinrichtungen.[94] Nachdem der zweite Senat des BGH vom 13. bis 16. März 1973 getagt hatte, kam er in seinem Urteil vom 5. April zu der Überzeugung, dass in den Fällen der Tatorte »Wassilkow, Iwankow und Charkow 1« die Strafverfol-

88 Ebd.
89 Ebd.
90 Ebd., S. 271.
91 Ebd., S. 274.
92 HStAD, H13 Darmstadt, 1291-183, Brief GStA Frankfurt an den Hessischen Minister der Justiz, Frankfurt am Main, 2.12.1968, Bl. 58-62; ebd., Revisionsrechtfertigung der GStA Frankfurt, 23.1.1970, Bl. 94.
93 JuNSV XXXI, S. 276-312.
94 HStAD, H13 Darmstadt, 1291-201, Erklärung Alois Gärtners zu Kuno Callsen, Frankfurt am Main, 26.8.1974, Bl. 11.

gung aufgrund von Verjährung eingestellt werden müsse.[95] Die Strafmaße, die das Schwurgericht 1968 ausgesprochen hatte, behielten jedoch Bestand und wurden lediglich gemäß dem Strafrechtsreformgesetz von 1969 von Zuchthaus- zu Freiheitsstrafen umgewandelt, und auch die Aberkennung der bürgerlichen Ehrenrechte entfiel.[96]

Die Verurteilten hatten damit den Strafvollzug anzutreten. Im Falle Callsens versuchte seine Frau Irene dies im April 1975 durch ein Gnadengesuch beim hessischen Ministerpräsidenten zu umgehen, in dem sie kundtat, ihr Mann sei zu Unrecht verurteilt worden, da nur »ein unglückliches Schicksal ihn in diese Situation« gebracht habe. Das Strafmaß sei gemessen an den Urteilen anderer Strafprozesse zudem zu hoch.[97] Sie sammelte Plädoyers von Bekannten und Kollegen für ihren Ehemann und startete eine Petition für ihn, die mit einigen Dutzend Unterschriften versehen war.[98] Das Gnadengesuch scheiterte vor der Staatsanwaltschaft.[99] Callsen trat seine Haftstrafe im September 1975 in der Haftanstalt Butzbach an und wurde im Jahr darauf in die Zweiganstalt Gustav-Radbruch-Haus der Justizvollzugsanstalt Frankfurt am Main überführt.[100] Mit zwei Unterbrechungen für Kuraufenthalte verbüßte Callsen zwei Drittel seiner Haftstrafe (die Zeit der Untersuchungshaft war ihm angerechnet worden) bis zum 21. Januar 1981 im Gefängnis. Während seines Freigangs hatte Callsen seit 1978 als Gasthörer juristische Vorlesungen an der Johann Wolfgang Goethe-Uni-

95 JuNSV XXXI, S. 276.

96 Ebd.

97 HStAD, H13 Darmstadt, 1291-201, Gnadengesuch Irene Callsens für ihren Ehemann Kuno Callsen beim Hessischen Ministerpräsidenten, Neu-Isenburg, 16.4.1975, Bl. 3.

98 Ebd., Erklärungen zum Gnadengesuch für Kuno Callsen, August 1974, Bl. 10-14.

99 Ebd., Leiter der StA an Irene Callsen, Frankfurt am Main, 25.7.1975, Bl. 41.

100 HStAD, H13 Darmstadt, 1291-198, Aufnahmemitteilung Justizvollzugsanstalt Frankfurt am Main I, 11.1.1977, Bl. 8.

versität in Frankfurt am Main besucht.[101] Für das letzte Drittel seiner Strafe wurde er schließlich auf Bewährung freigelassen. Der 69-jährige Rentner hatte, so die Begründung der Strafvollstreckungskammer des Landgerichts Frankfurt am Main, eine »uneingeschränkt gut[e]« Sozialprognose und durfte zurück zu seiner Frau nach Neu-Isenburg ziehen.[102] Im Jahr 1981 waren mit der Entlassung Callsens alle im Darmstädter Einsatzgruppenprozess verurteilten Angehörigen des Sk 4a – wenn nicht inzwischen verstorben – wieder auf freiem Fuß. Kuno Callsen starb 2001 im Alter von 89 Jahren in Neu-Isenburg.

Moralischen Kriterien folgend, fielen die Urteile gegen die Männer des Sk 4a mild, wenn nicht skandalös aus: Männer, die 1941 Massenmorde an Zivilistinnen und Zivilisten, hauptsächlich Jüdinnen und Juden, organisiert, überwacht und selbst durchgeführt hatten, wurden mit zeitigen Haftstrafen abgeurteilt, die, wie im Falle Callsens oder auch Häfners, gegen Ende auf Bewährung verbüßt werden konnten. Einige Männer, so etwa Trill, waren für schuldig befunden worden, aber ganz ohne Strafen davongekommen. Zudem waren überhaupt nur elf von insgesamt 60 bis 80 Mann Personal des Sk 4a verurteilt worden. Dem Unwillen der bundesdeutschen Justiz und Politik, Straftatbestände einzuführen, die eine Strafverfolgung von Völkermord ermöglicht hätten, war es geschuldet, dass die Gerichte sich nun auf die – nur schwerlich nachweisbaren – subjektiven Motive der Täter und ihre Untaten konzentrierten. In diesem juristischen Sinne wurde der Prozess zu einem Kapitel der »Tragödie« der bundesdeutschen NSG-Verfahren, wie Fritz Bauer sie 1966 beklagt hatte.[103] Gleichwohl war Bauers primäres Ziel

101 HStAD, H13 Darmstadt, 1291-201, Leiter der Justizvollzugsanstalt Frankfurt am Main I an die StA Frankfurt am Main, 14.6.1978, Bl. 74.

102 HStAD, H13 Darmstadt, 1291-198, Beschluss der 18. Strafkammer des Landgerichts Frankfurt am Main, 23.10.1981, Bl. 53 ff.

103 Werner Renz (Hrsg.): »Von Gott und der Welt verlassen«. Fritz Bauers Briefe an Thomas Harlan. Mit Einführungen und Anmerkungen von Werner Renz und Jean-Pierre Stephan, Frankfurt am

nicht die Bestrafung von Täterinnen und Tätern, sondern die Aufdeckung der Verbrechen und die Aufklärung der deutschen Gesellschaft hierüber.[104] Während das erste Anliegen durch die akribische Grundlagenforschung der Staatsanwaltschaft zum Sk 4a als deutlicher Erfolg verbucht werden konnte, ist das zweite Anliegen weniger gut greifbar – einen Eindruck von der Öffentlichkeitswirksamkeit des Prozesses geben jedoch die teils minutiösen Presseberichte, die über den Darmstädter Einsatzgruppenprozess erschienen.

Main, New York 2015, S. 134; s. zu dieser kritischen Bilanz Fritz Bauers auch Werner Renz: Fritz Bauer und das Versagen der Justiz. Nazi-Prozesse und ihre »Tragödie«, Hamburg 2015.

104 Vgl. Wojak: Fritz Bauer, S. 427.

7 ZUR ÖFFENTLICHKEITSWIRKSAMKEIT DES PROZESSES 1967/68

Der Darmstädter Einsatzgruppenprozess und die bundesdeutsche Öffentlichkeit

Mitte der 1960er Jahre war die Ermordung der europäischen Jüdinnen und Juden als zentrales Verbrechen des NS-Staats im Bewusstsein der bundesdeutschen Öffentlichkeit weitgehend verankert.[1] Der Ulmer Einsatzgruppenprozess 1958, der Jerusalemer Eichmann-Prozess 1961 und der erste Frankfurter Auschwitz-Prozess von 1963 bis 1965 hatten ein breites mediales Echo und öffentliche Auseinandersetzungen mit der NS-Vergangenheit in der Bundesrepublik ausgelöst.[2] Indessen zeigten Ergebnisse der westdeutschen Demoskopie, dass sich im Januar 1965 lediglich 38 Prozent aller befragten Bürgerinnen und Bürger für eine weitere Strafverfolgung von NS-Verbrechern aussprachen, während 52 Prozent für einen »Schlussstrich« plädierten.[3] Obschon neben dem Darmstädter Einsatzgruppenprozess auch in der zweiten Hälfte der 1960er Jahre zahlreiche NSG-Verfahren stattfanden, schwand das öffentliche Interesse an ihnen relativ schnell: »Die kritische Vergegenwärtigung der Fakten und Umstände des Mordgeschehens« blieb dem Historiker Marc von Miquel zufolge »ein kurzfristiges Phänomen, das ohne tiefere Verankerung dem kollektiven Gedächtnis bald wieder ent-

1 Vgl. Jörg Osterloh, Clemens Vollnhals: Einleitung, in: Dies. (Hrsg.): NS-Prozesse und deutsche Öffentlichkeit, S. 11-32, hier: S. 14.

2 Vgl. ebd.

3 Vgl. ebd.

schwunden war.«[4] Auch das historische Symboljahr 1968 – das Jahr, in dem das Darmstädter Schwurgericht sein Urteil über die ehemaligen Angehörigen des Sk 4a fällte – änderte hieran kaum etwas: Zwar umfassten die von der Studentenbewegung ausgehenden Debatten scharfe Kritik an personellen und intellektuellen Kontinuitäten des Nationalsozialismus, doch lag der Fokus ihrer Auseinandersetzungen mit der NS-Vergangenheit auf einem neuen Interpretationsrahmen, in dem vorrangig Fragen nach ökonomischen und gesellschaftlichen Zusammenhängen von Faschismus und Kapitalismus diskutiert wurden.[5] Wenngleich allgemeinen Aussagen zur »politischen Öffentlichkeit« in der Bundesrepublik – einem Konzept, das nach den Beziehungen zwischen »medialer Debatte, öffentlicher Meinung und politischer Entscheidungsfindung« fragt und das überhaupt erst Anfang der 1960er Jahre definiert wurde[6] – sowie auch Aussagen zum »kollektiven Gedächtnis«[7] der Deutschen zwangsläufig etwas Pauschalisierendes innewohnt, lassen sich einige der benannten Entwicklungslinien auch anhand der verhältnismäßig wenigen Spuren, die sich in Bezug auf die Öffentlichkeitswirksamkeit des Callsen-Prozesses finden, aufzeigen.

So blieben »Zuschriften aus dem Volke«, in früheren Prozessen häufig empfangene Anfeindungen und Beschwerdebriefe an die Staatsanwaltschaft, im Callsen-Prozess so gut

4 Marc von Miquel: »Wir müssen mit den Mördern zusammenleben!« NS-Prozesse und politische Öffentlichkeit in den sechziger Jahren, in: Wojak (Hrsg.): »Gerichtstag halten über uns selbst …«, S. 97-116, hier: S. 112.

5 Raul Jordan: Konfrontation mit der Vergangenheit. Das Medienereignis »Holocaust« und die Politische Kultur der Bundesrepublik Deutschland, Frankfurt am Main 2008, S. 62.

6 Für diese Definition vgl. Christina von Hodenberg: Konsens und Krise. Eine Geschichte der westdeutschen Medienöffentlichkeit 1945-1973, Göttingen 2006, S. 31; ausführlich zu den »intellektuellen Konzepten« von Öffentlichkeit s. ebd., S. 31-86.

7 Zum Konzept des »kollektiven Gedächtnisses« s. grundlegend Maurice Halbwachs: Das Gedächtnis und seine sozialen Bedingungen, Frankfurt am Main 1985 (französische Erstveröffentlichung 1925).

wie aus.[8] Lediglich ein einzelner Briefschreiber aus Stuttgart richtete sich an die Generalstaatsanwaltschaft und bezichtigte Fritz Bauer ausgerechnet unter Berufung auf den russischen Dichter Jewgeni Jewtuschenko, der mit seinem Gedicht *Babij Jar*[9] dem Massaker 1961 ein literarisches Denkmal gesetzt hatte, der Strafverfolgung Unschuldiger: »In der Zeitung stand, Sie wollten Deutsche für die Massenexekutionen in Babij Jar zur Rechenschaft ziehen. Darf ich daran erinnern, dass ein Gedicht von Jewtuschenko besteht, welches sagt: ›Schlagt Juden! Rettet Russland! Hört man schrein. O du mein Russenvolk – o wie gemein, dass sie bedenkenlos sich ihres Judenhasses rühmen …‹ Weshalb also verfolgen Sie Deutsche? […] Sie waren gewiss nicht im Russenkrieg […]. Blindwütig aber verfolgen deutsche Richter unter der Anleitung des Herrn Bauer die Tausende von gestern. […] [E]rwarten Sie eigentlich Lob und Anerkennung für solches Tun? Sie säen doch Sturm und ernten Hass! Politische Richter – politische Schauprozesse – aber kein Volk beauftragt Sie damit – und da Gottes Mühlen langsam mahlen, wird es noch dauern, bis Sie des Volkes Zorn erfasst.

Einer, der ihn jetzt schon hat.«[10]

Kernaussage der anonymen Anfeindung war, dass die Strafverfolgung »Deutscher« – nicht von NS-Verbrechern war hier die Rede – vor dem Hintergrund antisemitischer Einstellungen in Russland nicht gerechtfertigt, von der Bevölkerung nicht »beauftragt« und außerdem »blindwütig« sei. Dabei relativierte der Verfasser die systematische Ermordung der Jüdinnen und

8 Vgl. Wojak: Fritz Bauer, S. 425.

9 Für eine Übersetzung des Gedichts s. Jewgenij Jewtuschenko: Babij Jar, aus dem Russischen übersetzt von Ernst Kux, abgedruckt in: Erhard Roy Wiehn (Hrsg.): Die Schoáh von Babij Jar. Das Massaker deutscher Sonderkommandos an der jüdischen Bevölkerung von Kiew 1941 fünfzig Jahre danach zum Gedenken, Konstanz 1991, S. 163 ff. Die zitierte Version entspricht allerdings nicht der Übersetzung Kux'. Es ist unklar, auf welche Version des Gedichts der Briefschreiber sich bezieht. Zur erinnerungspolitischen Bedeutung dieses Gedichts vgl. Davies, Makhotina: Offene Wunden, S. 108 f.

10 Zit. nach Wojak: Fritz Bauer, S. 425.

Juden durch das NS-Regime nicht nur, sondern prophezeite Bauer und seinen Mitarbeitern auch den »Zorn des Volkes«. Unbekannt waren Fritz Bauer solche Drohungen keineswegs, doch blieben sie während des Darmstädter Einsatzgruppenprozesses eine Seltenheit.

Auffällig waren, anders als noch im Auschwitz-Prozess, zudem die leeren Zuschauerbänke im Darmstädter Schwurgerichtssaal, die von Journalistinnen und Journalisten beobachtet wurden.[11] Unter den wenigen Prozessbeobachtenden befanden sich vor allem Schulklassen, deren Besuche jedoch nicht unumstritten waren. So konnte in der US-amerikanischen Zeitung für Streitkräfte, *The Stars and Stripes*, am 17. Oktober 1967 folgende Schlagzeile gelesen werden: »Students' Visit Upheld At Nazi War-Crime Trial«.[12] Fritz Steinacker, Verteidiger des Angeklagten Janssen, hatte dem Bericht zufolge bei dem Vorsitzenden Richter Vinzenz Paquet Beschwerde über den Gerichtsbesuch einer neunten Klasse eingelegt, da die Jugendlichen zu unreif (»too juvenile«) seien. Paquet, der dem Besuch im Voraus ausdrücklich zugestimmt hatte, lehnte die Beschwerde jedoch ab und ließ die Jugendlichen im Alter von rund 15 Jahren, die sich ihrem Lehrer zufolge mehrere Tage lang inhaltlich auf den Prozess vorbereitet hatten, auf den Zuschauerbänken Platz nehmen.[13] Der kurze US-amerikanische Artikel verweist darauf, dass es auch in der zweiten Hälfte der 1960er Jahre durchaus vereinzelte Impulse in der postnazistischen Gesellschaft gab, NSG-Prozesse wie jenen in Darmstadt im Sinne Fritz Bauers als »Lehrstück« wahrzunehmen. Dass dieser Impuls von Prozess-

11 Vgl. Philip Shabecoff: At Babi Yar Trial, Only 4 Spectators. Germans Are Indifferent to War Massacre Hearing, in: New York Times, 14.2.1968; o.A.: Verteidiger wollen Revision einlegen. Zwischenfall bei der Urteilsverkündung in Darmstadt. Ein Stück Zeitgeschichte, in: Frankfurter Allgemeine Zeitung, 30.11.1968, S. 84; Meusch: Fritz Bauer, S. 360.

12 O.A.: Students' Visit Upheld At Nazi War-Crime Trial, in: The Stars and Stripes, 17.10.1967, S. 23.

13 Ebd.

teilnehmenden wie Steinacker aktiv zu unterbinden versucht wurde, war den US-amerikanischen Journalistinnen und Journalisten – womöglich auch im Wissen um das nachlassende Interesse der deutschen Bevölkerung – offenbar als berichtenswerter Skandal erschienen.

Inwiefern sich die westdeutsche Öffentlichkeit konkret mit dem Darmstädter Einsatzgruppenprozess auseinandersetzte, welche Meinungen über diesen spezifischen Prozess kursierten und welchen didaktischen Effekt er hatte, lässt sich heute kaum näher bestimmen. Während die fehlenden Zuschriften und weitgehend leeren Zuschauerbänke den konstatierten Trend eines abnehmenden Interesses der Öffentlichkeit an NSG-Prozessen in den späten 1960er Jahren bestätigen, muss dies im Falle der »veröffentlichten Meinungen«[14] zum Prozess, hier vor allem in Form der Presseberichterstattung, differenzierter betrachtet werden: Während internationale und überregionale Zeitungen und Zeitschriften zwar nur vereinzelt über den Prozess berichteten, taten lokale dies nämlich geradezu minutiös. Obschon auch von diesen medialen Aufbereitungen des Prozesses nicht unmittelbar auf die öffentliche Meinung in der Bundesrepublik geschlossen werden kann, lassen sie sich gleichwohl als Resonanz auf den Callsen-Prozess analysieren, die auf eine politische Öffentlichkeitswirkung angelegt war und zeitgenössische Interessen bewusst adressierte.

Internationale und überregionale Prozessberichterstattung als Politikum

Am 5. Juli 1968 erhielt das Auswärtige Amt in Bonn ein Schreiben der deutschen Botschaft in Moskau. Die mehrsprachige sowjetische Wochenzeitschrift *Neue Zeit* habe am 12. Juni 1968 unter der Überschrift »Henker vom [sic] Babij Jar vor Gericht« einen Artikel über den Prozess gegen Callsen und andere he-

14 Zu diesem Begriff vgl. Osterloh, Vollnhals: Einleitung, S. 18.

rausgebracht, der mit einem Appell zur Aufhebung der Verjährungsfrist von Mordverbrechen endete.[15] Co-Autor sei V. Charuto, »bezeichnenderweise der maßgebende Bearbeiter für alle Rechtshilfeersuche in NS-Sachen bei der Generalstaatsanwaltschaft der Sowjetunion«.[16] Nach Auffassung der Botschaft müsse daher mit einer sich »allmählich verschärfenden sowjetischen Kampagne zur Aufhebung der Verjährungsfrist in Deutschland« gerechnet werden, die sich womöglich auch auf die Übergabe weiterer Belastungsmaterialien auswirken könnte.[17] In der Tat forderte der zweiseitige, dem Schreiben angehängte Artikel die Aufhebung der Verjährungsfrist, die 1969 in der Bundesrepublik drohte: »Die Weltöffentlichkeit und alle ehrlichen Westdeutschen müssen durchsetzen, daß die Verjährungsfrist für Naziverbrechen aufgehoben wird. Die Gerechtigkeit fordert, daß alle Mörder auf die Anklagebank kommen«, hieß es darin.[18] Diesem Plädoyer ging eine umfassende Kritik am Umgang der Bundesrepublik mit Kriegsverbrechern voraus; das Zustandekommen des Darmstädter Einsatzgruppenprozesses kommentierten Staatsanwalt Charuto und sein Mitautor Wladimir Rosen etwa so: »Die westdeutsche Justiz brauchte zwanzig Jahre dazu, von diesen vielen Verbrechern elf zu stellen und zur Verantwortung zu ziehen. Dabei dachten die meisten nicht daran, unterzutauchen, sondern lebten unter ihren wirklichen Namen unbehelligt in der Bundesrepublik. Blobels nächster Gehilfe, [...] Adolf Janssen, hat es sogar zum Bankdirektor gebracht.«[19]

15 HStAD, H13 Darmstadt, 1291-186, Botschaft der Bundesrepublik Deutschland in Moskau an Auswärtiges Amt in Bonn betreffs sowjetischer Presseäusserungen zu Prozessen in NS-Gewaltverbrechen, Moskau, 24.6.1968, Bl. 30.

16 Ebd.

17 Ebd.

18 HStAD, H13 Darmstadt, 1291-186, Vitali Charuto, Wladimir Rosen, Henker vom Babij Jar vor Gericht, in: Neue Zeit, Nr. 23, 12.6.1968, Bl. 33.

19 Ebd., Bl. 31.

Die Autoren schrieben darüber hinaus gezielt gegen westdeutsche Geschichtsnarrative wie die »Behauptung der westdeutschen Behörden, daß die Wehrmacht mit den vom Naziregime verübten Verbrechen nichts zu tun gehabt habe«, an[20] – eine Auffassung, die in der westdeutschen Öffentlichkeit tatsächlich bis Ende des 20. Jahrhunderts weit verbreitet war.[21] Die drohende Verjährung von NS-Mordverbrechen, ihre späte und in ihrem Umfang häufig unzufriedenstellende juristische Aufarbeitung sowie geschönte Bilder der NS-Vergangenheit (so zum Beispiel die Legende von der »sauberen Wehrmacht«) waren Schwachstellen der bundesdeutschen Auseinandersetzung mit den NS-Verbrechen, welche die beiden sowjetischen Autoren anlässlich des Callsen-Prozesses im Kontext einer allgemeinen Diskreditierung der Bundesrepublik aufgriffen und ihrem Publikum pointiert präsentierten. Aufmerksam hatten die Botschafter der Bundesrepublik in Moskau die kritischen Stimmen verfolgt und ihrer Öffentlichkeitswirksamkeit im In- und Ausland offenbar so viel Macht zugeschrieben, dass sie in ihrem Bericht nach Bonn mit ernstzunehmenden politischen Implikationen in Bezug auf politische Debatten und Kooperationen im Angesicht des Kalten Kriegs rechneten.

Auch westliche Presseorgane berichteten über den Darmstädter Einsatzgruppenprozess. Der Fokus der Prozessberichterstattung der US-amerikanischen *New York Times* (*NYT*) lag vor allem auf dem Massaker von Babyn Jar. Anlässlich des Prozessauftakts am 3. Oktober 1967 titelte die Tageszeitung: »Babi Yar Trial Opens«.[22] Während des laufenden Prozesses berichtete die *NYT* kaum über den Prozess, mit Ausnahme eines umfangreicheren Berichts ihres Deutschlandkorrespondenten

20 Ebd., Bl. 32.

21 Vgl. Wojak: Fritz Bauer, S. 417f.; Hamburger Institut für Sozialforschung: Verbrechen der Wehrmacht, S. 14, 687ff.; Peter Jahn: Die »Entdeckung« des Vernichtungskriegs im Osten. Deutsche Erinnerung seit den achtziger Jahren, in: Zarusky, Steinbacher (Hrsg.): Der deutsch-sowjetische Krieg 1941-1945, S. 213-227, hier: S. 219ff.

22 Shabecoff: At Babi Yar Trial.

Philip Shabecoff im Februar 1968, der sich mit der Haltung der Deutschen zum Prozess auseinandersetzte: »At Babi Yar Trial, Only 4 Spectators. Germans Are Indifferent to War Massacre Hearing.«[23] Nach dem Prozessauftakt habe das öffentliche Interesse, so Shabecoff, schnell abgenommen (»interest faded quickly«).[24] Hierfür machte er zunächst die Vielzahl der NSG-Prozesse in der Bundesrepublik verantwortlich: »In West Germany now, the Babi Yar proceedings are just another trial involving Nazi crimes. [...] There are 20 other such trials now in process; 199 have been completed in the last 10 years.«[25] Auch die Angeklagten selbst zeigten Shabecoff zufolge nur wenig Betroffenheit im Prozess: »None seemed worried or sad as they listened to the evidence.«[26] Auf Nachfrage hatte Shabecoff vom Ersten Staatsanwalt Bernd Uhse erfahren, dass dieser »the lack of emotion at the trial completely understandable« fände.[27] Das Mordgeschehen sei laut Uhse immerhin 26 Jahre vergangen und zudem gebe es, anders als im Auschwitz-Prozess, kaum Überlebende, deren Zeugnisse emotionale Wirkung erzielen könnten – »there is little deep feeling here«, zitierte Shabecoff Uhse. Anders als seine sowjetischen Kollegen entwarf Shabecoff in seinem so kritisch betitelten Bericht über die vermeintliche Gleichgültigkeit der westdeutschen Öffentlichkeit keine grundsätzliche gesellschaftspolitische Kritik an der bundesdeutschen Auseinandersetzung mit der NS-Vergangenheit, die immerhin nach dem Zweiten Weltkrieg maßgeblich von den US-Alliierten in den Westzonen angeregt worden war. Vielmehr versuchte Shabecoff seinem US-amerikanischen Publikum konkrete Erklärungen für das geringe Interesse der Deutschen vorzulegen, das ihm zufolge in der Überfülle an zeitgenössischen NSG-Prozessen und einem fehlenden emotionalen Bezug

23 Ebd.
24 Ebd.
25 Ebd.
26 Ebd.
27 Ebd.

zu den Verbrechen lag.[28] Die Gleichgültigkeit der Angeklagten mochte dies jedoch nur bedingt erklären – die Schilderung ihres Verhaltens (»none seemed worried or sad«) musste daher gewissermaßen für sich selbst sprechen: Sie schienen keinerlei Reue oder emotionale Rührung vor Gericht zu zeigen und brachten allein damit ihre wohl empfundene Unschuld zum Ausdruck.

Auch überregionale respektive internationale Presseorgane von Überlebendenvereinigungen berichteten über den Callsen-Prozess. So berichtete das deutschsprachige, von Hermann Langbein herausgegebene *Bulletin des Comité International des Camps* (CIC) in seiner Ausgabe vom 2. Dezember 1967 unter dem Titel »Die blutige Spur des Sonderkommandos 4a« über den Beginn des Prozesses.[29] Die nicht namentlich erwähnten Autorinnen und Autoren hoben die Komplexität des Gegenstands der Verhandlungen hervor, schilderten die Grausamkeiten, die im Prozess »nebenbei zur Sprache« kamen, sie erwähnten das »unvorstellbare Gemetzel von Juden in Babi Yar« und betonten, dass die Wehrmacht bei den Massenmorden in der Ukraine »ebenfalls ihre Hand im Spiel gehabt« habe.[30] Auch räumten sie dem Verhalten der Angeklagten einigen Platz ein. Schon in der ersten Phase »dieses grossen Komplex-Prozesses« hätten deutlich zwei Gruppen von Angeklagten unterschieden werden können: »Die ehemaligen leitenden Beamten des Sicherheitsdienstes, die genau wissen, worauf es bei einer Vernehmung ankommt und wie man sich am besten zu verteidigen hat, und primitive Männer, die bei ihren Aussagen näher bei der Wahrheit bleiben.«[31] Nicht zuletzt lobten sie »sowohl Umfang als auch Qualität der Berichte«, die das *Darmstädter Echo*, eine lokale Tageszeitung, von fast jedem Verhandlungstag veröffentlichte. Dies sei »umso anerkennenswerter, als nur wenige Zei-

28 Ebd.

29 O.A.: Die blutige Spur des Sonderkommandos 4a, in: Bulletin des Comité International des Camps, Nr. 22, 2.12.1967, S. 3 f.

30 Ebd., S. 4.

31 Ebd., S. 3.

tungen noch die NS-Prozesse zur Kenntnis« nähmen.[32] In ihrer Ausgabe vom 30. Januar 1969 kommentierten die Autorinnen und Autoren des CIC auch die Urteilsverkündung des Darmstädter Schwurgerichts: »Wenn auch die Strafen im Verhältnis zum Umfang der Massenmorde gering erscheinen, so fällt auf, dass diejenigen Angeklagten, welche die höchste Rangordnung und Verantwortung trugen, auch folgerichtig die schwersten Strafen erhielten.«[33] Ihrer Ansicht zufolge zeigte dieser Komplexprozess einmal mehr, dass es »der Justiz offenbar leichter fällt, in zusammengefassten Verfahren Schuld und Strafe des Einzelnen abzuwägen, als in isolierten Einzelprozessen«.[34]

Die Prozessdarstellung des CIC schien das Verfahren der bundesdeutschen Justiz anzuerkennen, indem sie die Komplexität des Verfahrens herausstellte und die Anforderungen an das Gericht hervorhob. Zwar betonten die Autorinnen und Autoren auch hier politisch brisante Sachverhalte wie die Beteiligung der Wehrmacht an den Verbrechen in der Ukraine, doch skandalisierten sie weder die deutsche öffentliche Auseinandersetzung mit dem Prozess noch das Urteil des Gerichts grundsätzlich. Im Gegenteil hob die Berichterstattung im Bulletin des CIC sogar die lokalen Pressestimmen zu dem Prozess hervor. Dass ein prominentes Presseorgan von Überlebenden der NS-Verbrechen, das sich in erster Linie an ihresgleichen richtete, so wenig kritisch über den Prozess berichtete, irritiert zunächst. Unter den konkreten politischen und juristischen Gegebenheiten in der Bundesrepublik musste den Überlebenden, deren Schicksale in der unmittelbaren Nachkriegszeit so wenig Gehör gefunden hatten, jedoch vielleicht schon der kleinste Schritt in Richtung Gerechtigkeit wie eine – wenn auch verspätete – Anerkennung ihres Leids erscheinen.

32 Ebd., S. 4.

33 O. A.: Drei umfangreiche Komplex-Prozesse fanden ihren Abschluss, in: Bulletin des Comité International des Camps, Nr. 28, 30.1.1969, S. 4.

34 Ebd.

Lokale Prozessberichterstattung als Dokumentation

»Angeklagt des Mordes in der Ukraine. Vor dem Darmstädter Schwurgericht: Die Greuel des Sonderkommandos 4a«, titelte das vom CIC hervorgehobene *Darmstädter Echo* am 3. Oktober 1967 zum Auftakt des Prozesses und begann damit eine Artikelserie, die nahezu jeden Prozesstag zusammenfasste.[35] Mit der Berichterstattung des *Darmstädter Echos* wetteiferte das traditionsreiche und in den 1980er Jahren mit Ersterem fusionierte *Darmstädter Tagblatt*, und auch die *Frankfurter Neue Presse* veröffentlichte bisweilen kürzere Berichte. Dass die Generalstaatsanwaltschaft diese Berichte als Bestandteil ihrer Prozessdokumentation in einem umfangreichen Pressespiegel sammelte, lässt auf die nicht zu unterschätzende Bedeutung, die sie ihnen und ihrer öffentlichen Wirkmacht beimaß, schließen.[36] Auffällig ist, dass es sich bei den Veröffentlichungen der lokalen Presseorgane fast ausschließlich um Berichte handelte, die das Prozessgeschehen dokumentarisch wiedergaben, nicht aber kommentierten; eine Beobachtung, die im Übrigen auch auf die verhältnismäßig wenigen Artikel überregionaler Presseorgane wie der *Frankfurter Allgemeinen Zeitung* zutrifft.[37]

Eine Ausnahme stellte ein Kommentar des Journalisten Hans-Günther Weickert zum Prozessauftakt unter dem Titel »Kolomea und Kiew. Zum SK-4a-Prozeß« dar.[38] Im sogenannten Kolomea-Prozess, mit dem Weickert den Callsen-Prozess verglich, hatte das Darmstädter Schwurgericht im Juli 1967 drei

35 O.A.: Angeklagt des Mordes in der Ukraine. Vor dem Darmstädter Schwurgericht: Die Greuel des Sonderkommandos 4a, in: Darmstädter Echo, 3.10.1967, S. 6.

36 HHStAW, 631a-1921, Presseband Callsen u.a.

37 Vgl. etwa o.A.: 170 Zeugen erwartet. Was in der Babi-Jar Schlucht geschah. Schwurgerichtsprozeß, in: Frankfurter Allgemeine Zeitung, 28.9.1967; o.A.: Urteile im Sondergruppenprozess gefällt. Längste Verhandlung seit dem ersten Auschwitz-Prozeß, in: Frankfurter Allgemeine Zeitung, 30.11.1968.

38 Hans-Günther Weickert: Kolomea und Kiew. Zum SK 4a-Prozeß, in: Darmstädter Echo, 3.10.1967, S. 6.

Angehörige der Sicherheitspolizei verurteilt, die 1941/42 in der galizischen Stadt Kolomea Morde an der jüdischen Bevölkerung begangen hatten.[39] Die Parallelen der beiden Prozesse sah er dabei vor allem in ihrer »zeitdokumentarischen Eigenschaft«, der »Absicht, ein staatlich organisiertes Verbrechen mit dem Instrument eines auf Individualtäter zugeschnittenen Strafrechts zu sühnen«, und in ihrer Eigenschaft als Lehrstück, das besonders der Jugend die Möglichkeit böte, »sich hautnah über ein Stück jüngster Geschichte zu orientieren«.[40] Unterschiede beobachtete Weickert in Bezug auf die Angeklagten und die Beweislage in den Prozessen: Während im Kolomea-Prozess »kleine Leute, vorwiegend Mannschaftsdienstgrade mit weniger ausgeprägtem eigenem Einsichtsvermögen« auf der Anklagebank gesessen hätten, seien es im Prozess gegen die Angehörigen des Sk 4a nun – jedenfalls in Bezug auf die Hauptangeklagten – jüngere »Männer des SD und der Sicherheitspolizei von ausgeprägtem Intellekt«.[41] Auch in Bezug auf die Beweisführung bemerkte Weickert die Unterschiede: Anders als im Kolomea-Prozess traten nun kaum jüdische Zeuginnen und Zeugen vor Gericht auf, und darüber hinaus konnten in Bezug auf das Sk 4a »ganz konkrete Angaben über Ort, Zeit und Mordzahl der Untaten« gemacht werden, was im Kolomea-Prozess Schwierigkeiten bereitet hatte.[42] Am Ende seines Kommentars kam Weickert zu folgendem Schluss: »[D]ie Jugend der heranwachsenden Generation, eine Jugend, die vor ihrer Karriere steht, [sollte] miterleben, wie vor 26 Jahren junge, zur geistigen Führungsschicht ausersehene Menschen fühlten, dachten, sich einspannen ließen von den Klauen der Mordmaschine – und wie sie dann handelten. Dieser Prozeß ist nicht allein Sache des Gerichts oder der Justiz, er wird im Namen des Volkes geführt, dessen

39 Vgl. Hoffmann: Strafverfolgung, S. 261-266; Friedrich Hoffmann: Die Verfolgung der nationalsozialistischen Gewaltverbrechen in Hessen, Baden-Baden 2001, S. 83.

40 Weickert: Kolomea und Kiew, S. 6.

41 Ebd.

42 Ebd.

junge Generation sich rüsten sollte gegen Einflüsterungen des Ungeistes, mit dem jeder Redikalismus [sic] beginnt.«[43]

Die hochrangigen SS-Männer, die im Callsen-Prozess auf der Anklagebank saßen, die fehlenden Überlebendenzeuginnen und -zeugen sowie die präzise Dokumentation des Mordgeschehens machten Weickert zufolge die Bedingungen, unter denen der Prozess begann, besonders. Er hob vor allem die aufklärerische Funktion beider Darmstädter Prozesse hervor, wenngleich sich diese ihm zufolge nicht etwa an die deutsche Öffentlichkeit allgemein, sondern vor allem an jüngere Generationen richten sollte. Weickert blendete damit die problematische Rolle der älteren Generationen aus. Die Auseinandersetzung mit der NS-Vergangenheit hatte hier eine auf die Zukunft gerichtete Warnfunktion, sollte jedoch offenbar keine weitgreifende Reflexion über das Verhalten und die Verantwortung jener Generationen, die das NS-Regime mitgetragen hatten, auslösen.

Weickerts Kommentar zum Prozessauftakt blieb ein Unikum unter den lokalen Pressestimmen zum Callsen-Prozess, deren Gros dokumentarischer Natur war. Die Dutzenden Artikel, welche die Darmstädter Tageszeitungen druckten, fokussierten zumeist die Täter sowie die Gräuel, die sie angerichtet hatten, wie schon ein Blick auf die Titel der Berichte zeigt: »Ob noch Leben in der Grube ist …«; »Nach dem Mord an den Müttern die Kinder …«; »Fangschüsse auf einem Berg von Leichen«; »›Daran hängen wir ihn auf‹« oder etwa »Daß da 30.000 Tote liegen«.[44] Die Schlagzeilen, mit denen die Leserschaft konfrontiert war, betonten die Brutalität der Massenmorde, die vor dem Darmstädter Schwurgericht zur Anklage standen. Schonungslos gaben die Journalistinnen und Journalisten wieder, was im Gerichtssaal zur Sprache kam. Über die »Mordserie von Shitomir« wurde im *Darmstädter Echo* am 25. Oktober 1967 so etwa folgende Schilderung des Angeklagten August Häfner abgedruckt:

43 Ebd.

44 Der Reihe nach o.A. in: Darmstädter Echo, 25.10.1967; ebd., 31.10.1967; ebd., 1.11.1967; ebd., 13.12.1967; ebd., 30.12.1967.

»Die Erschießung sei dann wegen der ungenauen Herzschüsse kurzfristig abgebrochen worden. Man habe Kopfschüsse angeordnet – ›oberhalb der Nase‹. Häfner berichtet, wie manche Opfer nicht getroffen worden seien – ›Aber bei anderen flogen die Schädeldecken weg, Hirnteile spritzten den Schützen ins Gesicht, auch ich wurde getroffen.‹«[45]

Kommentiert wurde die Szene nicht. Das hier evozierte, in seiner physischen Unmittelbarkeit schockierende Bild machte die häufig nebulös gebliebenen »Verbrechen im Osten« für die Leserschaft ganz konkret: Es zeigte, auf welche Weise die 80.000 vom Sk 4a ermordeten Menschen zu Tode gekommen waren und dass es sich bei den Morden mitnichten um »bürokratische« oder gar »industrielle« Morde durch das NS-Regime gehandelt hatte. Derartige Formen der Berichterstattung bezeichnet Rebecca Wittmann in Bezug auf den Auschwitz-Prozess als »almost a pornography of the Holocaust«.[46] Wenngleich die Metapher letztlich nur insofern überzeugt, als viele lokale Presseberichte dezidiert physische Vorgänge vollkommen unverhüllt darstellten und damit ein vermeintlich voyeuristisches Interesse des Publikums bedienten, sind Wittmanns Schlüsse hierzu umso plausibler: Durch derartige Darstellungen seien ihr zufolge nämlich nicht nur Zeitungen vermarktet worden, auch sei durch sie zwangsläufig eine Distanz zwischen den barbarischen Taten der zu Monstern stilisierten Verbrechern und der Leserschaft hergestellt worden.[47] Devin O. Pendas betont in diesem Zusammenhang, dass die juristische Notwendigkeit, individuellen Exzess vor Gericht nachzuweisen, um die Täter wegen Mordes verurteilen zu können, durch die Presse reproduziert und so eine eklatante Diskrepanz zwischen öffentlicher und veröffentlichter Meinung entstanden sei.[48] Dies vermag

45 O.A.: Ob noch Leben in der Grube ist … Mordserie von Shitomir im Kommando-Prozeß vor dem Schwurgericht, in: Darmstädter Echo, 25.10.1967.

46 Wittmann: Beyond Justice, S. 176.

47 Vgl. ebd.

48 Vgl. Pendas: Auschwitz-Prozess, S. 304f.

auch den erklärungsbedürftigen Befund zu erhellen, dass das öffentliche Interesse an NSG-Prozessen in der zweiten Hälfte der 1960er Jahre zwar grundsätzlich schwand, das mediale Echo der Lokalpresse in Bezug auf den Callsen-Prozess jedoch enorm groß war. Die dokumentarischen Berichte des *Darmstädter Echos* und *Tagblatts* vermittelten zwar neues Wissen über die Einsatzgruppenverbrechen in der Ukraine, doch musste es den Zeitgenossinnen und Zeitgenossen schwergefallen sein, die vom juristischen Erkenntnisinteresse präfigurierten Narrative von Gewalt und Exzess der Massaker unmittelbar auf sich selbst zu beziehen und so eine breite öffentliche Debatte, etwa über die eigene Mitschuld an den Verbrechen, anzuregen. Vor diesem Hintergrund lässt sich auch Weickerts Appell, der Callsen-Prozess müsse als Warnung für die Jugend fungieren, verstehen: Die zur Verhandlung stehenden und in den Presseberichten en détail geschilderten NS-Gewaltverbrechen schienen für viele Zeitgenossinnen und Zeitgenossen in der Bundesrepublik nur wenig Realitätsbezug zu besitzen – eine Mahnung für die Jugend konnten sie gleichwohl darstellen, ohne dass diejenigen, die den Nationalsozialismus miterlebt hatten, über ihre eigene Verantwortung für die Verbrechen nachdenken mussten.

8 FAZIT

Als die Ermittler der Zentralen Stelle in Ludwigsburg 1960 im Rahmen ihrer Vorermittlungen zu den Einsatzgruppenverbrechen auf die Namen der Angehörigen des Sonderkommandos 4a der Einsatzgruppe C stießen, wurden diese von ihrer bereits vergessen geglaubten NS-Vergangenheit eingeholt. Vier Jahre dauerte es, bis sich die Ermittler durch akribisches Sammeln und Auswerten von Dokumenten sowie durch umfangreiche Zeugenbefragungen ein präzises Bild des Personals des Sk 4a und seiner Verbrechen machen konnten, um einen abgegrenzten Tatkomplex zu definieren: Schätzungsweise 80.000 Menschen, vor allem Jüdinnen und Juden, hatten die Männer des Sk 4a auf ihrer Marschroute, die sie 1941 durch etwa zehn Städte und deren Umgebungen in der zentralen und nördlichen Ukraine geführt hatten, ermordet. Unter den Verbrechen des Sk 4a befand sich das berüchtigte Massaker von Babyn Jar, das als größtes Einzelmassaker an der jüdischen Bevölkerung Europas in die Annalen des Holocaust einging.

Als möglichen Hauptangeklagten machten die Ermittler den ehemaligen SS-Hauptsturmführer Kuno Callsen aus, der als Teilkommandoführer des Sk 4a eine Stellvertreterfunktion des 1948 in Nürnberg vom NMT zum Tode verurteilten Chefs des Kommandos, Paul Blobel, eingenommen hatte. Callsens Name war zwar schon im Rahmen des Nürnberger Einsatzgruppenprozesses 1947/48 gefallen, doch hatten die US-Alliierten ihn aus politisch-pragmatischen Gründen nicht als »Hauptkriegsverbrecher« zur Rechenschaft gezogen. In Callsens zeitgleich stattfindendem Entnazifizierungsverfahren waren seine Verbrechen im Sk 4a unbekannt geblieben, man hatte ihn als »minderbelastet« klassifiziert und im Zuge der alliierten Amnestiepolitik bereits 1949 wieder freigesprochen. Von der bundesdeutschen

Justiz unbescholten hatten Callsen sowie auch seine zunächst neun Mitbeschuldigten im politischen und gesellschaftlichen Klima der jungen Bundesrepublik in den 1950er Jahren schließlich bürgerliche Existenzen aufbauen können – als Verbrecher des in dunkle Vergangenheit verbannten NS-Deutschlands fühlte sich niemand.[1] Dies zeigte sich vor allem in Callsens Einlassungen, in denen er keinerlei Reue zeigte, sondern – obschon er umfangreich durch Zeugenaussagen belastet war – darauf bestand, lediglich nachrichtendienstlichen Aufgaben im Sk 4a nachgekommen, nicht aber an Massenmorden beteiligt gewesen zu sein.

Insbesondere im 1965 bis 1967 geführten Vorverfahren des Callsen-Prozesses führte die Staatsanwaltschaft Darmstadt unter Fritz Bauer intensive Grundlagenforschung zu den Verbrechen des Sk 4a durch. Zu diesem Zeitpunkt lagen nur einige wenige auf Deutsch verfügbare geschichtswissenschaftliche Pionierstudien zu den Gewalttaten der Einsatzgruppen vor, doch gaben diese Werke kaum Auskünfte über einzelne Massaker in der Sowjetunion. Die Staatsanwälte und ihr Team rekonstruierten Tatabläufe und Tatorte daher erstmals en détail und ermittelten auf Grundlage einer von ihnen zusammengestellten umfangreichen Materialsammlung, die von NS-Dokumenten, allen voran den sogenannten Ereignismeldungen UdSSR, über literarische Texte und Lichtbildmappen bis hin zu einigen Dutzend Vernehmungsprotokollen reichte. Sogar die diplomatischen Einschränkungen des Kalten Kriegs überwanden sie in einigen Fällen: So gelang es ihnen etwa, eine der wenigen Überlebenden eigens für den Callsen-Prozess aus Kyjiw einfliegen zu lassen.

Die Rekonstruktion der Verbrechen des Sk 4a, welche die Generalstaatsanwaltschaft 1967 schließlich in ihrer Anklageschrift vorlegte, war so ausführlich, dass sie im Falle des Tatablaufs des Massakers von Babyn Jar heutiger historischer

1 Vgl. hierzu Ullrich: Integration von NS-Tätern, S. 158-162.

Forschung lange Zeit in nichts nachstand.[2] Gleichwohl haben bislang nur wenige Historikerinnen und Historiker die Prozessakten in den Blick genommen. Die staatsanwaltschaftliche Interpretation der Genese des Holocaust, die in der Diktion der heutigen Forschung als intentionalistisch bezeichnet werden kann, spiegelte dabei nicht nur zeitgenössische geschichtswissenschaftliche Positionen wider, sondern war auch von juristischen Argumentationen präfiguriert: Hitler, Himmler und Heydrich waren von bundesdeutschen Gerichten Ende der 1960er Jahre schon lange zu Haupttätern erklärt worden, alle anderen wurden daher zwangsläufig als Mittäter oder Gehilfen verurteilt, sodass alternative Deutungsmuster des Mordgeschehens aus juristischer Perspektive schlicht unergiebig gewesen wären. Auch der besondere Fokus auf den Exzess des Tötens und die Brutalität in der Anklageschrift von 1967 war juristischen Zwängen geschuldet gewesen: Da jegliche NSG-Verbrechen in der Bundesrepublik mit den Straftatbeständen des herkömmlichen deutschen Strafgesetzes verfolgt werden mussten, musste die Anklage dem Straftatbestand »Mord« entsprechen. Hierfür musste den Beschuldigten subjektiver Täterwillen zum Morden nachgewiesen werden – eine für die Anklage in NSG-Prozessen häufig problematische Aufgabe, wegen der viele NS-Verbrecher nur als Gehilfen verurteilt werden konnten.

Mit der Eröffnung des Darmstädter Einsatzgruppenprozesses standen 1967 die Verbrechen des Sk 4a erstmals vor einem bundesdeutschen Gericht. Von den 171 Zeuginnen und Zeugen, die während des Prozesses angehört wurden, konnten

2 Die historische Forschung zum Massaker von Babyn Jar konzentriert sich jüngst auf die Einbettung des Massakers in eine umfangreichere Geschichte von Gewalt und Vernichtung in Kyjiw unter deutscher Besatzung, s. hierzu etwa das laufende Projekt Bert Hoppes: https://www.ifz-muenchen.de/forschung/ea/forschung/kiew-im-krieg-1937-1947-eine-integrierte-untersuchung-zu-gewaltherrschaft-besatzung-und-judenverfolgung (1.6.2024), sowie auf topografische Studien zum Tatort Babyn Jar, s. hierzu etwa Dean: Investigating Babyn Yar.

dabei lediglich zwei Überlebende des Massakers von Babyn Jar im Namen aller Opfer aussagen: Dina Proničeva und Vera Bogucka. Als sie im April 1968 aussagten, besaßen sie keinerlei besonderen Schutz als Überlebendenzeuginnen, und die Tatsache, dass Strafverteidiger den Gerichtssaal regelmäßig für Pausen verließen, während die Frauen von ihrem Schicksal Zeugnis ablegten, verweist auf die geringe Wertschätzung, die ihnen von einigen Prozessteilnehmern entgegengebracht wurde. Nachdem die Beweisaufnahme abgeschlossen war, hielten neben der Anklage auch die Strafverteidiger ihre Plädoyers. Vergangenheitspolitische Argumentationen wie jene von Callsens Verteidiger Hans Fertig, die dem Gericht seine Legitimation absprechen wollten, wurden durch das Gericht abgewiesen. Die Richter kamen jedoch nicht umhin, die Einwände bezüglich der juristischen Nachweisbarkeit des Täterwillens in Rechnung zu stellen: Letztlich wurden im Prozess zwar alle Angeklagten für schuldig erklärt, doch konnten sie lediglich wegen Beihilfe zum Mord verurteilt werden. Während Callsen zu einer Höchststrafe von 15 Jahren Zuchthaus verurteilt wurde, wurden sechs seiner Mitangeklagten zu zeitigen Freiheitsstrafen verurteilt und drei ganz und gar freigesprochen, obschon sie nachweislich Menschen erschossen hatten.

Welche Wirkung der Callsen-Prozess in der Öffentlichkeit entfaltete, ist nur schwer greifbar. Während kaum Meinungen aus der Öffentlichkeit existieren, gibt eine ganze Reihe überlieferter »veröffentlichter Meinungen« in Form von Presseberichten einen Eindruck davon, wie die Prozessinhalte 1967/68 an die Öffentlichkeit getragen wurden: Während sowjetische Berichte – in der Tat auszumachende – Schwachstellen der Justiz hervorhoben, um die bundesdeutsche Aufarbeitung der Verbrechen im Rahmen einer grundlegenden Kritik an der Politik der Bundesrepublik zu diskreditieren, legten US-amerikanische Berichte den Fokus auf das mangelnde Interesse der deutschen Bevölkerung an dem Verfahren, das jedoch nicht als Kritik an der bundesdeutschen Auseinandersetzung mit den NS-Verbrechen formuliert, sondern als nachvollziehbares Resultat eines fehlenden emotionalen Bezugs zum Prozessgegenstand zu erklären versucht wurde. Überlebendenstimmen wie jene des *Comité des International des Camps* berichteten indes erstaunlich positiv über das Verfahren und hoben die juristischen Leistungen der Bundesrepublik hervor. Für die Lokalpresse lässt sich konstatieren, dass ihre Berichte kaum Analysen zum Prozess lieferten, sondern hauptsächlich dokumentarischer Natur waren. Der starke Fokus auf Exzesstaten und Brutalität spiegelte dabei juristische Argumentationslinien wider, die nötig waren, um die NS-Verbrechen mit dem herkömmlichen deutschen Strafrecht ahnden zu können. Dieser Fokus mochte den Deutschen, die den Nationalsozialismus erlebt hatten, jedoch nur wenig Anreiz zur Reflexion eigener Schuld bieten: Die Gewaltverbrechen hatten nur wenig mit ihrer Lebensrealität zu tun und wurden lediglich – wenn überhaupt – als Warnung für künftige Generationen aufgefasst.

Werden die Befunde dieser Arbeit in der Zusammenschau betrachtet, so fällt die historische Bewertung des Strafverfahrens zwiespältig aus: Wird sie vom Ergebnis, dem Urteil von 1968, her gedacht, so ist zu bilanzieren, dass die Strafverfolgung der Männer des Sk 4a nicht nur verspätet erfolgte, sondern auch überaus selektiv war (elf von rund 60 bis 80 Männern im Sk 4a standen vor Gericht). Das Urteil selbst war zudem frappierend milde. Wird jedoch das gesamte Strafverfahren seit 1960 in den Blick genommen, so muss die Bewertung differenzierter ausfallen: Akribisch trugen die jeweils zuständigen Ermittlungsbehörden der Bundesrepublik nämlich erstmals Materialien zu den Verbrechen des Sk 4a zusammen und verschafften sich ein umfangreiches, wenn auch von juristischem Erkenntnisinteresse geprägtes Bild der Verbrechen, das zeitgenössische geschichtswissenschaftliche Studien in seinem Umfang und seiner Spezifik übertraf. Dieses Bild beleuchtete dabei nicht nur den Auftakt zum systematischen Massenmord an der jüdischen Bevölkerung Europas in der zweiten Jahreshälfte 1941, der jenseits der bekannten Konzentrations- und Vernichtungslager erfolgte, sondern auch Einzelverbrechen wie das berüchtigte Massaker von Babyn Jar, das zu einem Sinnbild für die Einsatzgruppenmorde wurde. Auch die Beteiligung der Wehrmacht an diesen Verbrechen wurde von Ermittlern und Staatsanwälten schon in den 1960er Jahren betont – ein Faktum, das sich im historischen Wissen der deutschen Bevölkerung allerdings erst Jahrzehnte später verankern sollte.[3] Die Aufklärung eines zentralen Teils der Verbrechen, die nach dem Krieg häufig nur nebulös als »Verbrechen im Osten« bezeichnet wurden, war eine nicht zu unterschätzende Leistung der bundesdeutschen Ermittlungsbehörden.

Diese zwiespältige Beurteilung spiegelt dabei wider, dass die Ermittlungen gegen Callsen und andere in einem diffizilen Wechselverhältnis von justiziell-aufklärerischem Impetus einerseits und dem Anliegen der Justiz, mit ihnen nicht allzu viel Aufmerksamkeit zu erregen, andererseits erfolgten. Der Wiesbadener »Fall Christ«, die bewusste Beschränkung auf einen kleinen Täterkreis sowie die seitens der Anklage vor der Presse vertretene Ansicht, dass der Prozess nach 26 Jahren kaum noch Gefühle evozieren könne – all dies deutet darauf hin, dass der Prozess bewusst zu einem »normalen« bundesdeutschen Strafprozess unter vielen gemacht werden sollte, um keine öffentlichen Kontroversen hervorzurufen. Dies mag ein pragmatisches Vorgehen seitens der bundesdeutschen Justiz gewesen sein, um die Strafverfolgung von NS-Verbrechen in der Bundesrepublik ohne allzu große gesellschaftliche Widerstände überhaupt zu ermöglichen. Zugleich führte aber gerade dieses Vorgehen letztlich dazu, dass der Prozess als einer von vielen schon bald wieder in Vergessenheit geriet.

Wenngleich zahlreiche NS-Täter durch die Ermittlungen der Bundesrepublik der bürgerlichen Sicherheit, in welcher sie sich in den 1950er Jahren hatten wähnen können, entrissen wurden, lässt sich mit Blick auf die Täterbiografie Kuno Callsens konstatieren, dass der Umstand, dass die Verbrechen mit dem

3 Vgl. Hamburger Institut für Sozialforschung: Verbrechen der Wehrmacht, S. 14, 687 ff.

herkömmlichen deutschen Strafrecht geahndet wurden, zudem auch Implikationen in Bezug auf den Strafvollzug hatte: Dieser sah in letzter Konsequenz nämlich auch eine Reintegration beziehungsweise Resozialisierung der abgeurteilten NS-Täter in die bundesdeutsche Gesellschaft vor. Waren aus »ganz normalen Männern«, so Christopher Brownings bekannte These, während des Holocaust Mörder geworden, so konnten diese Mörder nach einem Schuldspruch und entsprechendem Strafvollzug schließlich wieder »ganz normale Männer« werden. So hatte Callsen bis zu seinem Tod Anfang der 2000er Jahre als Rentner in der Bundesrepublik gelebt und noch während seines Strafvollzugs Ende der 1970er Jahre angefangen, staatliche Bildungseinrichtungen wie die Goethe-Universität in Frankfurt am Main zu besuchen.

Was hier für den Einzelfall des Strafverfahrens gegen Kuno Callsen erstmals erforscht werden konnte, eröffnet weitere Forschungsperspektiven. Wie sich die Befunde etwa im Vergleich zu anderen bundesdeutschen Strafverfahren, die nach dem ersten Auschwitz-Prozess Ende der 1960er Jahren geführt wurden, verhalten oder inwiefern spätere Prozesse in der Bundesrepublik, in denen Babyn Jar als Tatort eine Rolle spielte, auf die Erkenntnisse des Callsen-Prozesses zurückgriffen, wird noch zu erforschen sein.

Bis heute laufen in Deutschland vereinzelte Ermittlungen gegen inzwischen hochbetagte Angehörige des Sk 4a.[4] Seit dem Demjanjuk-Prozess in München 2011 beschreitet die deutsche Justiz neue Wege, auf denen auch juristische Argumentationslinien jenseits konkreter Mitwirkungshandlungen an Mordtaten anerkannt werden können.[5] Zwar verbüßen die NS-Täterinnen und -Täter, die sich heute vor Gericht verantworten

4 Katja Iken: Warum auch ein 99-jähriger vor Gericht gehört, in: Der Spiegel, 27.9.2021, https://www.spiegel.de/geschichte/massaker-von-babyn-jar-warum-auch-ein-99-jaehriger-vor-gericht-gehoert-a-957c560f-c41d-49f0-a503-5f44e724e349 (1.6.2024).

5 Vgl. Jasch, Kaiser: Der Holocaust vor deutschen Gerichten, S. 189-191.

müssen, aufgrund ihres Alters in der Regel keine Haftstrafen mehr, doch stellen ihre Strafverfahren eine Anerkennung des Leids ihrer Opfer dar und unterstreichen Fritz Bauers Imperativ, dass jede und jeder einzelne für ihr beziehungsweise sein Handeln verantwortlich ist: »Aus der Erkenntnis, daß Gesetze und Befehle, die gegen das Fundament jeden Rechts, gegen Menschenwürde, Freiheit und Gleichheit verstoßen, nichtig, ja Verbrechen sind, folgt die Verpflichtung zum passiven Widerstand, die Verpflichtung zum Ungehorsam, zum Nein dessen, der zur Mitwirkung an dem verbrecherischen Tun aufgerufen ist.«[6]

6 Fritz Bauer: Vom Recht auf Widerstand. Das Vermächtnis des 20. Juli an die Justiz, 1962, abgedruckt in: Lena Foljanty, David Johst (Hrsg.): Fritz Bauer. Kleine Schriften (1962-1969), 2 Bde., Bd. 2, Frankfurt am Main, New York 2018, S. 909-912, hier: S. 910.

ANHANG

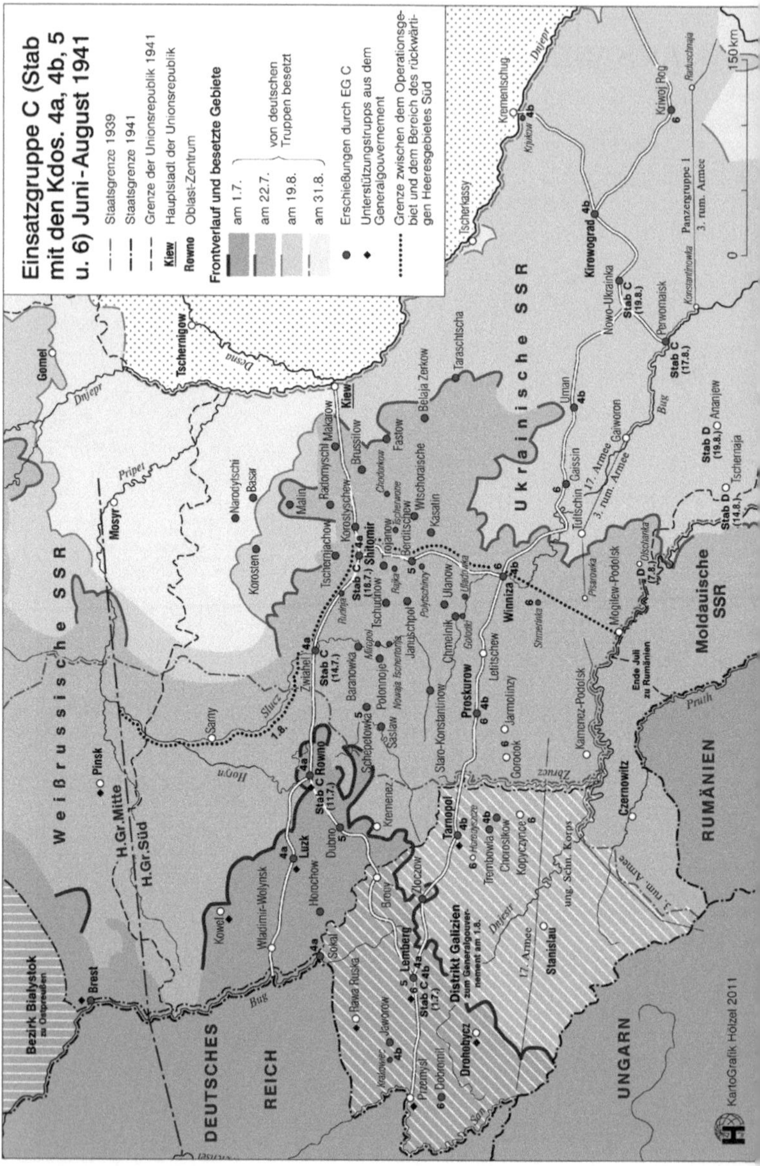

Abb. 1: Die Marschrouten der Kommandos der Einsatzgruppe C in der Ukraine Juni–August 1941 (Sonderkommando 4a = 4a), in: Klaus-Michael Mallmann, Andrej Angrick, Jürgen Matthäus, Martin Cüppers (Hrsg.): Die »Ereignismeldungen UdSSR« 1941. Dokumente der Einsatzgruppen in der Sowjetunion, 3 Bde., Bd. 1, Darmstadt 2011, S. 904, © mit freundlicher Erlaubnis der Herausgeber hier abgedruckt.

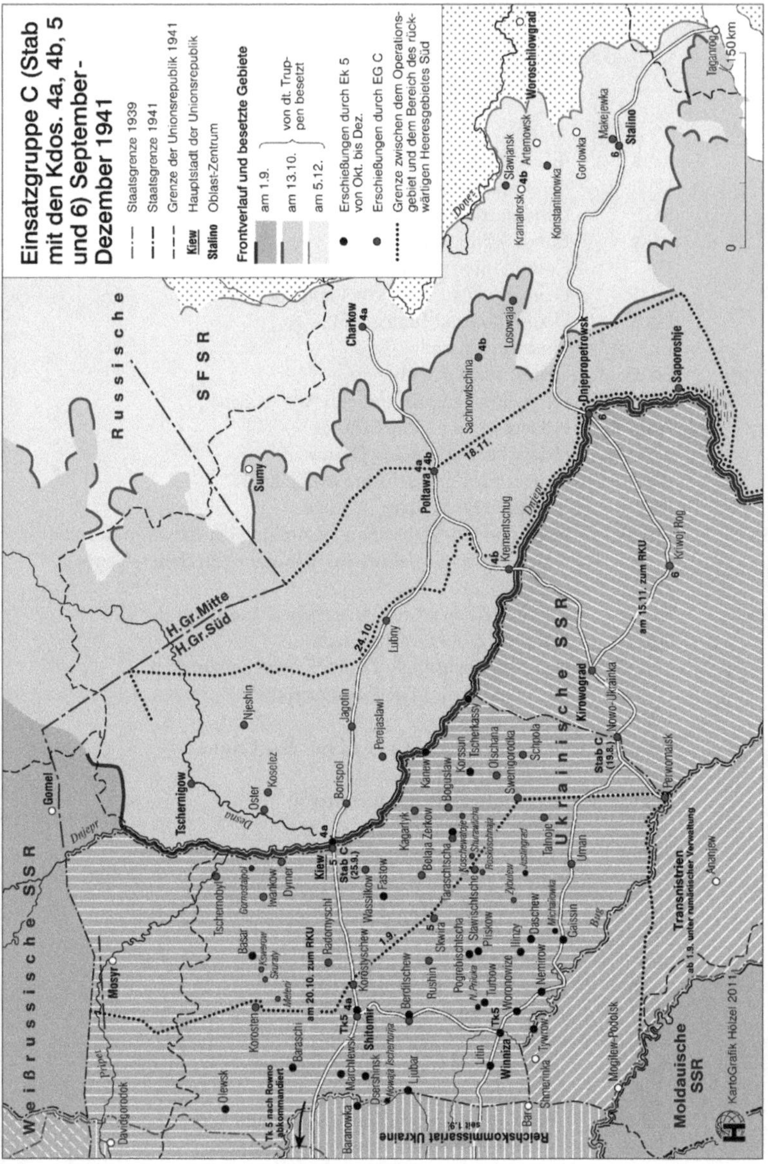

Abb. 2: Die Marschrouten der Kommandos der Einsatzgruppe C in der Ukraine September–Dezember 1941 (Sonderkommando 4a = 4a), in: Klaus-Michael Mallmann, Andrej Angrick, Jürgen Matthäus, Martin Cüppers (Hrsg.): Die »Ereignismeldungen UdSSR« 1941. Dokumente der Einsatzgruppen in der Sowjetunion, 3 Bde., Bd. 1, Darmstadt 2011, S. 905, © mit freundlicher Erlaubnis der Herausgeber hier abgedruckt.

ABKÜRZUNGEN

AOK	Armeeoberkommando
BdS	Befehlshaber der Sicherheitspolizei und des SD
BGH	Bundesgerichtshof
BKA	Bundeskriminalamt
CIC	Comité International des Camps
DDR	Deutsche Demokratische Republik
DRA	Deutsches Rundfunkarchiv
Ek	Einsatzkommando
GStA	Generalstaatsanwaltschaft
HHStAW	Hessisches Hauptstaatsarchiv Wiesbaden
HSSPF	Höhere SS- und Polizeiführer
HStAD	Hessisches Staatsarchiv Darmstadt
IfZ	Institut für Zeitgeschichte (München)
IMT	International Military Tribunal
JuNSV	Justiz und NS-Verbrechen. Sammlung deutscher Strafurteile wegen nationalsozialistischer Tötungsverbrechen seit 1945 (Edition)
KGB	Komitee für Staatssicherheit beim Ministerrat der UdSSR
NMT	Nuernberg Military Tribunals
NSDAP	Nationalsozialistische Deutsche Arbeiterpartei
NSG	Nationalsozialistische Gewaltverbrechen
NYT	New York Times
OCCWC	Office of Chief of Counsel for War Crimes
OKH	Oberkommando des Heeres
OKW	Oberkommando der Wehrmacht
OLG	Oberlandesgericht
RSHA	Reichssicherheitshauptamt
SD	Sicherheitsdienst
Sk	Sonderkommando
SS	Schutzstaffel
StA	Staatsanwaltschaft
StGB	Strafgesetzbuch
StPO	Strafprozessordnung
TWC	Trials of War Criminals before the Nuernberg Military Tribunals under Control Council Law No. 10 (»Green Series«, Edition)
UdSSR	Union der Sozialistischen Sowjetrepubliken
USSR	Ukrainische Sozialistische Sowjetrepublik
VEJ	Die Verfolgung und Ermordung der europäischen Juden durch das nationalsozialistische Deutschland (Edition)

QUELLEN

Archiv des Fritz Bauer Instituts, Frankfurt am Main

Vorlass Hans Fertig (VL-Fert).

Deutsches Rundfunkarchiv

DFF-DDR-F-Nachrichtenbestand (DRAB-N), Beitrag 392644, Aktuelle Kamera, Spätausgabe, SS-Mordprozess in Darmstadt, 0'50", 22.03, 4.10.1967.

Hessisches Hauptstaatsarchiv Wiesbaden

HHStAW, 631a, 1856-2142.

Hessisches Staatsarchiv Darmstadt

HStAD, H13, Darmstadt, 1291-1 bis 226.

Periodika

Bulletin des Comité International des Camps
Darmstädter Echo
Darmstädter Tagblatt
Der Spiegel
Frankfurter Allgemeine Zeitung
Neue Zeit
The New York Times
The Stars and Stripes

Gedruckte Quellen

Bauer, Fritz: Vom Recht auf Widerstand. Das Vermächtnis des 20. Juli an die Justiz, 1962, abgedruckt in: Lena Foljanty, David Johst (Hrsg.): Fritz Bauer. Kleine Schriften (1962-1969), 2 Bde., Bd. 2, Frankfurt am Main, New York 2018, S. 909-912.

– Die Verjährung der nazistischen Massenverbrechen, in: Tribüne. Zeitschrift zum Verständnis des Judentums, 3 (1964), H. 12, S. 1249-1255.

Callsen, Kuno: Umsatzsteigerung durch Warenautomaten. Mit 6 Zeichnungen im Text und 38 Fotos auf 19 Tafeln, Stuttgart 1957.

Ehrenburg, Ilja, Vasily Grossman: The Black Book. The Ruthless Murder of Jews by German-Fascist Invaders Throughout the Temporarily-Occupied Regions of The Soviet Union and in the Death Camps of Poland During the War of 1941-1945, aus dem Russischen übersetzt von John Glad und James S. Levine, New York 1981.

Goschler, Constantin, Marcus Böick, Julia Reus (Hrsg.): Kriegsverbrechen, Restitution, Prävention. Aus dem Vorlass von Benjamin B. Ferencz, Göttingen 2019.

Grossmann, Wassili: Ukraine ohne Juden. Aus dem Russischen übertragen und eingeleitet von Jürgen Zarusky, in: Ders., Johannes Hürter (Hrsg.): Besatzung, Kollaboration, Holocaust. Neue Studien zur Verfolgung und Ermordung der europäischen Juden, München 2008, S. 189-200.

Heim, Susanne u. a. (Hrsg.): Die Verfolgung und Ermordung der europäischen Juden durch das nationalsozialistische Deutschland 1933-1945, 16 Bde., Bd. 7: Sowjetunion mit annektierten Gebieten I. Besetzte sowjetische Gebiete unter deutscher Militärverwaltung, Baltikum und Transnistrien, bearbeitet von Bert Hoppe und Hildrun Glass, München 2011.

–, u. a. (Hrsg.): Die Verfolgung und Ermordung der europäischen Juden durch das nationalsozialistische Deutschland 1933-1945, 16 Bde., Bd. 8: Sowjetunion mit annektierten Gebieten II, bearbeitet von Bert Hoppe unter Mitarbeit von Imke Hansen und Martin Holler, Berlin, Boston 2016.

Klein, Peter (Hrsg.): Die Einsatzgruppen in der besetzten Sowjetunion 1941/42. Die Tätigkeits- und Lageberichte des Chefs der Sicherheitspolizei und des SD, Berlin 1997.

Levi, Primo: Die Untergegangenen und die Geretteten, München 1993 (italienische Erstveröffentlichung 1986).

Mallmann, Klaus-Michael u. a. (Hrsg.): Die »Ereignismeldungen UdSSR« 1941. Dokumente der Einsatzgruppen in der Sowjetunion, 3 Bde., Bd. 1, Darmstadt 2011.

Panning, Gerhart: Wirkungsform und Nachweis der sowjetischen Infanteriesprengmunition. Mit 12 Abbildungen, in: Der Deutsche Militärarzt, 7 (1942), S. 20-30.

Renz, Werner (Hrsg.): »Von Gott und der Welt verlassen«. Fritz Bauers Briefe an Thomas Harlan. Mit Einführungen und Anmerkungen von Werner Renz und Jean-Pierre Stephan, Frankfurt am Main, New York 2015.

Rüter, Christiaan F., Dick de Mildt (Hrsg.): Justiz und Verbrechen. Sammlung deutscher Strafurteile wegen nationalsozialistischer Tötungsverbrechen 1945-1999, 63 Bde., Bd. 31: Die vom 31.10.1968 bis zum 14.3.1969 ergangenen Strafurteile Lfd. Nr. 694-702, Amsterdam, München 2004.

Strømøy, Tore: Wera. Flukten fra Babij Jar [Wera. Die Flucht aus Babij Jar], Oslo 2001.

Trials of War Criminals before the Nuernberg Military Tribunals under Control Council Law No. 10 (»Green Series«), 15 Bde., Bd. 4, Washington, D. C. 1950.

Ueberschär, Gerd R., Wolfram Wette (Hrsg.): »Unternehmen Barbarossa«. Der deutsche Überfall auf die Sowjetunion 1941. Berichte, Analysen, Dokumente, Paderborn 1984.

LITERATUR

Agamben, Giorgio: Was von Auschwitz bleibt. Das Archiv und der Zeuge, Frankfurt am Main 2003.

Aly, Götz: Europa gegen die Juden 1880-1945, Frankfurt am Main 2017.

–, Susanne Heim: Vordenker der Vernichtung. Auschwitz und die deutschen Pläne für eine neue europäische Ordnung, Hamburg 1991.

Angrick, Andrej: Besatzungspolitik und Massenmord. Die Einsatzgruppe D in der südlichen Sowjetunion 1941-1943, Hamburg 2003.

– »Aktion 1005« – Spurenbeseitigung von NS-Massenverbrechen 1942-1945. Eine »geheime Reichssache« im Spannungsfeld von Kriegswende und Propaganda, 2 Bde., Bd. 1, Göttingen 2018.

Arad, Yitzhak: The Holocaust in the Soviet Union, Lincoln/Nebraska 2009.

Arendt, Hannah: Eichmann in Jerusalem. Ein Bericht von der Banalität des Bösen, 12. Aufl., München u. a. 2017 (zuerst 1964).

Arnold, Klaus Jochen: Die Eroberung und Behandlung der Stadt Kiew durch die Wehrmacht im September 1941: Zur Radikalisierung der Besatzungspolitik, in: Militärgeschichtliche Mitteilungen, 58 (1999), S. 23-63.

Bartov, Omer: Anatomy of a Genocide. The Life and Death of a Town Called Buczacz, New York u. a. 2019.

Baumann, Imanuel u. a.: Schatten der Vergangenheit. Das BKA und seine Gründungsgeneration in der frühen Bundesrepublik, Köln 2011.

Bazyler, Michael J., Frank M. Tuerkheimer: Forgotten Trials of the Holocaust, New York, London 2014.

Beer, Mathias: Die Entwicklung der Gaswagen beim Mord an den Juden, in: Vierteljahrshefte für Zeitgeschichte, 35 (1987), H. 3, S. 403-417.

Beermann-Schön, Johannes: Archiv und Zufall. Entstehung und Überlieferung der Tonbandmitschnitte von Zeugenaussagen, in: Sybille Steinbacher, Katharina Rauschenberger (Hrsg.): Der Auschwitz-Prozess auf Tonband. Akteure, Zwischentöne, Überlieferung, Göttingen 2020, S. 87-107.

Benz, Wolfgang: Juden und Judenfeinde. Von den Pogromen der Zarenzeit zum Holocaust, in: Ders. (Hrsg.): Die Ukraine. Kampf um Unabhängigkeit. Geschichte und Gegenwart, Berlin 2023, S. 135-152.

Berg, Nicolas: Der Holocaust und die westdeutschen Historiker. Erforschung und Erinnerung, Göttingen 2003.

Berkhoff, Karel C.: Harvest of Despair. Life and Death in Ukraine under Nazi Rule, Cambridge/Massachusetts 2004.

– Dina Pronicheva's Story of Surviving the Babi Yar Massacre: German, Jewish, Soviet, Russian, and Ukrainian Records, in: Ray Brandon,

Wendy Lower (Hrsg.): The Shoah in Ukraine. History, Testimony, Memorialization, Bloomington/Indiana 2008, S. 291-317.
- »The Corpses in the Ravine Were Women, Men, and Children«: Written Testimonies from 1941 on the Babi Yar Massacre, in: Holocaust and Genocide Studies, 29 (2015), H. 2, S. 251-274.
- Aussage in der Heimat der Täter. Dina Proničeva im Callsen-Prozess, in: Osteuropa, 71 (2021), H. 1-2, S. 41-61.

Boeckh, Kathrin: Jüdisches Leben in der Ukraine nach dem Zweiten Weltkrieg. Zur Verfolgung einer Religionsgemeinschaft im Spätstalinismus (1945-1953), in: Vierteljahrshefte für Zeitgeschichte, 53 (2005), H. 3, S. 421-448.

Brandon, Ray, Wendy Lower: Introduction, in: Dies. (Hrsg.): The Shoah in Ukraine. History, Testimony, Memorialization, Bloomington/Indiana 2008, S. 1-22.

Broszat, Martin, Hans-Adolf Jacobsen, Helmut Krausnick: Anatomie des SS-Staats, 2 Bde., Bd. 2: Konzentrationslager. Kommissarbefehl. Judenverfolgung, Freiburg im Breisgau 1965.

Browning, Christopher: Ganz normale Männer. Das Reserve-Polizeibataillon 101 und die »Endlösung« in Polen, Hamburg, 2. Aufl. (Taschenbuch), 2020 (US-amerikanische Erstveröffentlichung 1992).

Brückweh, Kerstin: Dekonstruktion von Prozessakten – Wie ein Strafprozess erzählt werden kann, in: Jürgen Finger, Sven Keller, Andreas Wirsching (Hrsg.): Vom Recht zur Geschichte. Akten aus NS-Prozessen als Quellen der Zeitgeschichte, Göttingen 2009, S. 193-204.

Christ, Michaela: Die Dynamik des Tötens. Die Ermordung der Juden von Berditschew. Ukraine 1941-1944, Frankfurt am Main 2011.

Cüppers, Martin: Wegbereiter der Shoah. Die Waffen-SS, der Kommandostab Reichsführer-SS und die Judenvernichtung 1939-1945, Darmstadt 2005.

Davies, Franziska: Babyn Jar vor Gericht. Juristische Aufarbeitung in der UdSSR und Deutschland, in: Osteuropa, 71 (2021), H. 1-2, S. 23-40.
–, Katja Makhotina: Offene Wunden Osteuropas. Reisen zu Erinnerungsorten des Zweiten Weltkriegs, Darmstadt 2022.

Dean, Martin: The Collaboration in the Holocaust. Crimes of the Local Police in Belorussia and Ukraine, 1941-44, Basingstoke 2000.
- Investigating Babyn Yar. Shadows from the Valley of Death, Lanham u. a. 2023.

Dempsey, Patrick: Babi Yar. A Jewish Catastrophe, Measham 2005.

Desbois, Patrick: Porteur de Mémoires. Sur les traces de la Shoah par balles, Neuilly-sur-Seine 2007.

Dirks, Christian: Selekteure als Lebensretter. Die Verteidigungsstrategie des Rechtsanwalts Dr. Hans Latenser, in: Irmtrud Wojak (Hrsg.): »Gerichtstag halten über uns selbst ...«. Geschichte und Wirkung des ersten Frankfurter Auschwitz-Prozesses, Frankfurt am Main, New York 2001, S. 163-192.

Douglas, Lawrence: Was damals Recht war … *Nulla poena* und die strafrechtliche Verfolgung von Verbrechen gegen die Menschlichkeit im besetzten Deutschland, in: Kim C. Priemel, Alexa Stiller (Hrsg.): NMT. Die Nürnberger Militärtribunale zwischen Geschichte, Gerechtigkeit und Rechtschöpfung, Hamburg 2013, S. 719-754.

Earl, Hilary C.: The Nuremberg SS-Einsatzgruppen Trial, 1945-1958. Atrocity, Law, and History, Cambridge 2009.

– Beweise, Zeugen, Narrative: Der Einsatzgruppenprozess und die historische Forschung zur Genese der »Endlösung«, in: Kim C. Priemel, Alexa Stiller (Hrsg.): NMT. Die Nürnberger Militärtribunale zwischen Geschichte, Gerechtigkeit und Rechtschöpfung, Hamburg 2013, S. 127-157.

Eichmüller, Andreas: Keine Generalamnestie. Die strafrechtliche Verfolgung von NS-Verbrechen in der frühen Bundesrepublik, München 2012.

Frei, Norbert: Vergangenheitspolitik. Die Anfänge der Bundesrepublik und die NS-Vergangenheit, München 2012 (zuerst 1996).

– Der Frankfurter Auschwitz-Prozeß und die deutsche Zeitgeschichtsforschung, in: Fritz Bauer Institut (Hrsg.): Auschwitz. Geschichte, Rezeption und Wirkung, Frankfurt am Main, New York 1996, S. 123-138.

– Nach der Tat. Die Ahndung deutscher Kriegs- und NS-Verbrechen in Europa – eine Bilanz, in: Ders. (Hrsg.): Transnationale Vergangenheitspolitik. Der Umgang mit deutschen Kriegsverbrechern nach dem Zweiten Weltkrieg, Göttingen 2006, S. 7-36.

– 1945 und wir. Das Dritte Reich im Bewußtsein der Deutschen, erw. Taschenbuchausgabe, München 2009.

Freudiger, Kerstin: Die juristische Aufarbeitung von NS-Verbrechen, Tübingen 2002.

Friedländer, Saul: Das Dritte Reich und die Juden, 2 Bde., Bd. 2: Die Jahre der Vernichtung 1939-1945, München 2006.

Gerstle, Nathalie: Callsen-Prozess (Babij Jar), in: Torben Fischer, Matthias Lorenz (Hrsg.): Lexikon der »Vergangenheitsbewältigung« in Deutschland. Debatten- und Diskursgeschichte des Nationalsozialismus nach 1945, 2. Aufl., Bielefeld 2009 (zuerst 2007), S. 154f.

Ginzburg, Carlo: Der Richter und der Historiker. Überlegungen zum Fall Sofri. Aus dem Italienischen übersetzt von Walter Kögler, Berlin 1991.

Goschler, Constantin: Einleitung, in: Ders., Marcus Böick, Julia Reus (Hrsg.): Kriegsverbrechen, Restitution, Prävention. Aus dem Vorlass von Benjamin B. Ferencz, Göttingen 2019, S. 15-95.

Greve, Michael: Von Auschwitz nach Ludwigsburg. Zu den Ermittlungen der »Zentralen Stelle der Landesjustizverwaltungen zur Aufklärung nationalsozialistischer Gewaltverbrechen« in Ludwigsburg, in: Irmtrud Wojak, Susanne Meinl (Hrsg.): Im Labyrinth der Schuld.

Täter – Opfer – Ankläger, Frankfurt am Main, New York 2003, S. 41-63.
Gross, Raphael: Mächtiger als die Gerichte? Geschichte und historische Gerechtigkeit, in: Norbert Frei, Dirk van Laak, Michael Stolleis (Hrsg.): Geschichte vor Gericht. Historiker, Richter und die Suche nach Gerechtigkeit, München 2000, S. 164-172.
Halbwachs, Maurice: Das Gedächtnis und seine sozialen Bedingungen, Frankfurt am Main 1985 (französische Erstveröffentlichung 1925).
Hamburger Institut für Sozialforschung (Hrsg.): Verbrechen der Wehrmacht. Dimensionen des Vernichtungskrieges 1941-1944. Ausstellungskatalog, Hamburg 2002.
Hilberg, Raul: Die Vernichtung der europäischen Juden, 3 Bde., Bd. 2, Frankfurt am Main 1990 (US-amerikanische Erstveröffentlichung 1961).
Hillgruber, Andreas: Hitlers Strategie. Politik und Kriegsführung 1940-1941, Frankfurt am Main 1965.
Hodenberg, Christina von: Konsens und Krise. Eine Geschichte der westdeutschen Medienöffentlichkeit 1945-1973, Göttingen 2006.
Hoffmann, Friedrich: Die Verfolgung der nationalsozialistischen Gewaltverbrechen in Hessen, Baden-Baden 2001.
Hoffmann, Jens: »Das kann man nicht erzählen«. »Aktion 1005« – Wie die Nazis die Spuren ihrer Massenmorde in Osteuropa beseitigten, Hamburg 2008.
Hoffmann, Volker Karl: Die Strafverfolgung der NS-Kriminalität am Landgericht Darmstadt, Berlin 2013.
Hofmann, Kerstin: »Ein Versuch nur – immerhin ein Versuch.« Die Zentrale Stelle in Ludwigsburg unter der Leitung von Erwin Schüle, Berlin 2018.
Hoppe, Bert: Babyn Jar. Massenmord am Stadtrand, in: Osteuropa, 71 (2021), H. 1-2, S. 5-22.
– Von Nachbarn zu Ausgestoßenen. Das Verhältnis von Nicht-Juden und Juden in den besetzten sowjetischen Gebieten, in: Jürgen Zarusky, Sybille Steinbacher (Hrsg.): Der deutsch-sowjetische Krieg 1941-1945. Geschichte und Erinnerung, Göttingen 2020, S. 179-198.
– Holocaust in der Ukraine. Vom antijüdischen Terror zum arbeitsteiligen Völkermord, in: Einsicht. Bulletin des Fritz Bauer Instituts, 15 (2023), H. 24, S. 6-17.
–, Hildrun Glass: Einleitung, in: Susanne Heim u. a. (Hrsg.): Die Verfolgung und Ermordung der europäischen Juden durch das nationalsozialistische Deutschland 1933-1945, Bd. 7: Sowjetunion mit annektierten Gebieten I. Besetzte sowjetische Gebiete unter deutscher Militärverwaltung, Baltikum und Transnistrien, München 2011, S. 13-98.
Hrynevych, Vladyslav, Paul Robert Magocsi (Hrsg.): Babyn Yar. History and Memory, Kyjiw 2016.

Irle, Katja: Entnazifizierung und NS-Strafprozesse im Spiegel der Presse. Die Berichterstattung des Frankfurter Gerichtsreporters Rudi Eims 1945-1950, in: Archiv für Frankfurts Geschichte und Kunst, 67 (2001), S. 11-59.

Jahn, Peter: Die »Entdeckung« des Vernichtungskriegs im Osten. Deutsche Erinnerung seit den achtziger Jahren, in: Jürgen Zarusky, Sybille Steinbacher (Hrsg.): Der deutsch-sowjetische Krieg 1941-1945. Geschichte und Erinnerung, Göttingen 2020, S. 213-227.

Jarausch, Konrad: Die Umkehr. Deutsche Wandlungen 1945-1995, München 2004.

Jasch, Hans-Christian, Wolf Kaiser: Der Holocaust vor deutschen Gerichten. Amnestieren, Verdrängen, Bestrafen, Bonn 2018.

Jewtuschenko, Jewgenij: Babij Jar, aus dem Russischen übersetzt von Ernst Kux, abgedruckt in: Erhard Roy Wiehn (Hrsg.): Die Schoáh von Babij Jar. Das Massaker deutscher Sonderkommandos an der jüdischen Bevölkerung von Kiew 1941 fünfzig Jahre danach zum Gedenken, Konstanz 1991, S. 163-165.

Jordan, Raul: Konfrontation mit der Vergangenheit. Das Medienereignis »Holocaust« und die Politische Kultur der Bundesrepublik Deutschland, Frankfurt am Main 2008.

Kalz, Eva-Lotte: Stimmen und Stimmungen. Zum Auftreten der Strafverteidiger im Prozess, in: Sybille Steinbacher, Katharina Rauschenberger (Hrsg.): Der Auschwitz-Prozess auf Tonband. Akteure, Zwischentöne, Überlieferung, Göttingen 2020, S. 63-86.

Kay, Alex J.: Empire of Destruction. A History of Nazi Mass Killing, New Haven, London 2021.

Kershaw, Ian: Der NS-Staat, 4. Aufl., Hamburg 2009 (englische Erstveröffentlichung 1985).

Klein, Peter: Einleitung, in: Ders. (Hrsg.): Die Einsatzgruppen in der besetzten Sowjetunion 1941/42. Die Tätigkeits- und Lageberichte des Chefs der Sicherheitspolizei und des SD, Berlin 1997, S. 9-28.

Kogon, Eugen, Hermann Langbein, Adalbert Rückerl (Hrsg.): Nationalsozialistische Massentötungen durch Giftgas. Eine Dokumentation, Frankfurt am Main 1983.

Königseder, Angelika: Entnazifizierung, in: Wolfgang Benz (Hrsg.): Deutschland unter alliierter Besatzung 1945-1949/55. Ein Handbuch, Berlin 1999, S. 114-117.

Krausnick, Helmut: Hitlers Einsatzgruppen. Die Truppen des Weltanschauungskriegs 1938-1942, Frankfurt am Main 1985.

–, Hans-Heinrich Wilhelm: Die Truppe des Weltanschauungskrieges. Die Einsatzgruppen der Sicherheitspolizei und des SD 1938-1942, Stuttgart 1981.

Kropat, Wolf Arno: Hessen in der Stunde Null 1945/1947. Politik, Wirtschaft und Bildungswesen in Dokumenten, Wiesbaden 1979.

Kruglov, Alexander: Jewish Losses in Ukraine 1941-1944, in: Ray Brandon, Wendy Lower (Hrsg.): The Shoah in Ukraine. History, Testimony, Memorialization, Bloomington/Indiana 2008, S. 272-290.

Landwehr, Achim: Die anwesende Abwesenheit der Vergangenheit. Essay zur Geschichtstheorie, Frankfurt am Main 2016.

Lehnstaedt, Stephan: Der Kern des Holocaust. Bełżec, Sobibór, Treblinka und die Aktion Reinhardt, München 2017.

Lemkin, Raphaël: Axis Rule in Occupied Europe. Laws of Occupation. Analysis of Government. Proposals for Redress, Nachdruck der 2. Aufl., Clark/New Jersey 2004 (zuerst 1944).

Linck, Stephan: Die Stammtisch-Geschichte der »Alten Charlottenburger«. Ein Netzwerk in Westdeutschland, in: Klaus-Michael Mallmann, Andrej Angrick (Hrsg.): Die Gestapo nach 1945. Karrieren, Konflikte, Konstruktionen, Darmstadt 2009, S. 105-121.

Lingen, Kerstin von: »Crimes against Humanity«. Eine Ideengeschichte der Zivilisierung von Kriegsgewalt 1864-1945, Paderborn 2018.

Longerich, Peter: Politik der Vernichtung. Eine Gesamtdarstellung der nationalsozialistischen Judenverfolgung, München 1998.

Lower, Wendy: Nazi Empire-Building and the Holocaust in Ukraine, Chapel Hill/North Carolina 2005.

Lozowick, Yaacov: Rollbahn Mord: The Early Activities of Einsatzgruppe C, in: Holocaust and Genocide Studies, 2 (1987), H. 2, S. 221-241.

Maegerle, Anton: Die braune Vergangenheit des BKA. Das Bundeskriminalamt arbeitet seine Geschichte auf, in: Tribüne. Zeitschrift zum Verständnis des Judentums, 46 (2007), H. 184, S. 107-118.

Mallmann, Klaus-Michael u. a.: Die Optik der Täter. Quellenkritische Vorbemerkungen, in: Dies. (Hrsg.): Die »Ereignismeldungen UdSSR« 1941. Dokumente der Einsatzgruppen in der Sowjetunion, 3 Bde., Bd. 1, Darmstadt 2011, S. 7-38.

Marrus, Michael: The Holocaust in Nuremberg, in: Yad Vashem Studies, 26 (1998), S. 5-41.

Matthäus, Jürgen: Die »Judenfrage als Schulungsthema von SS und Polizei. »Inneres Erlebnis« und Handlungslegitimation, in: Ders. u. a.: Ausbildungsziel Judenmord? »Weltanschauliche Erziehung« von SS, Polizei und Waffen-SS im Rahmen der »Endlösung«, Frankfurt am Main 2003, S. 35-86.

Meusch, Matthias: Von der Diktatur zur Demokratie. Fritz Bauer und die Aufarbeitung der NS-Verbrechen in Hessen (1956-1968), Wiesbaden 2001.

Meir, Natan M.: Kiev, Jewish Metropolis. A History, 1859-1914, Bloomington/Indiana 2010.

Miquel, Marc von: »Wir müssen mit den Mördern zusammenleben!« NS-Prozesse und politische Öffentlichkeit in den sechziger Jahren, in: Irmtrud Wojak (Hrsg.): »Gerichtstag halten über uns selbst ...«

Geschichte und Wirkung des ersten Frankfurter Auschwitz-Prozesses, Frankfurt am Main, New York 2001, S. 97-116.
– Ahnden oder Amnestieren? Westdeutsche Justiz und Vergangenheitspolitik in den sechziger Jahren, Göttingen 2004.
Neumann, Alexander, Petra Peckl, Kim Priemel: Praxissemester »Osteinsatz«. Der Führernachwuchs der Sipo und der Auftakt zur Vernichtung der litauischen Juden, in: Zeitschrift für Genozidforschung, 7 (2006), H. 1, S. 8-48.
Nolte, Ernst: Der Faschismus in seiner Epoche. Die Action fançaise. Der italienische Faschismus. Der Nationalsozialismus, München 1963.
Ogorreck, Ralf: Die Einsatzgruppen und die »Genesis der Endlösung« (Diss.), Berlin 1996.
–, Volker Ries, Fall 9. Der Einsatzgruppenprozeß (gegen Otto Ohlendorf und andere), in: Gerd R. Ueberschär (Hrsg.): Der Nationalsozialismus vor Gericht. Die alliierten Prozesse gegen Kriegsverbrecher und Soldaten 1943-1952, Frankfurt am Main 1999, S. 164-175.
Okroy, Michael: Vor 50 Jahren in Nürnberg. Der Einsatzgruppenprozess und Paul Blobel, in: Tribüne. Zeitschrift zum Verständnis des Judentums, 36 (1997), H. 142, S. 21-32.
Osterloh, Jörg, Clemens Vollnhals: Einleitung, in: Dies. (Hrsg.): NS-Prozesse und deutsche Öffentlichkeit. Besatzungszeit, frühe Bundesrepublik und DDR, Göttingen 2011, S. 11-32.
Pendas, Devin O.: Der Auschwitz-Prozess. Völkermord vor Gericht, München 2013 (US-amerikanische Erstveröffentlichung 2006).
Pohl, Dieter: Die Einsatzgruppe C 1941/42, in: Peter Klein (Hrsg.): Die Einsatzgruppen in der besetzten Sowjetunion 1941/42. Die Tätigkeits- und Lageberichte des Chefs der Sicherheitspolizei und des SD, Berlin 1997, S. 71-87.
– Nationalsozialistische Judenverfolgung in Ostgalizien 1941-1944. Organisation und Durchführung eines staatlichen Massenverbrechens, 2. Aufl., München 1997 (zuerst 1996).
– Schauplatz Ukraine: Der Massenmord an den Juden im Militärverwaltungsgebiet und im Reichskommissariat 1941-1943, in: Norbert Frei, Sybille Steinbacher, Bernd C. Wagner (Hrsg.): Ausbeutung, Vernichtung, Öffentlichkeit. Neue Studien zur nationalsozialistischen Lagerpolitik, München 2000, S. 135-173.
– Ukrainische Hilfskräfte beim Mord an den Juden, in: Gerhard Paul (Hrsg.): Die Täter der Shoah. Fanatische Nationalsozialisten oder ganz normale Deutsche?, Göttingen 2002, S. 205-234.
– Der Platz des deutsch-sowjetischen Krieges im Zweiten Weltkrieg, in: Jürgen Zarusky, Sybille Steinbacher (Hrsg.): Der deutsch-sowjetische Krieg 1941-1945. Geschichte und Erinnerung, Göttingen 2020, S. 63-75.
Pollmann, Anna: Arbeit am Begriff. Auschwitz, Vietnam und die Kategorie des Genozids, in: Katharina Rauschenberger, Sybille Stein-

bacher (Hrsg.): Fritz Bauer und »Achtundsechzig«. Positionen zu den Umbrüchen in Justiz, Politik und Gesellschaft, Göttingen 2020, S. 252-267.

Priemel, Kim C., Alexa Stiller: Wo »Nürnberg« liegt. Zur historischen Verortung der Nürnberger Militärtribunale, in: Dies. (Hrsg.): NMT. Die Nürnberger Militärtribunale zwischen Geschichte, Gerechtigkeit und Rechtschöpfung, Hamburg 2013, S. 9-63.

Rabinbach, Anson: Begriffe aus dem Kalten Krieg. Totalitarismus, Antifaschismus, Genozid, Göttingen 2009.

Raithel, Thomas: Die Strafanstalt Landsberg am Lech und der Spöttinger Friedhof (1944-1958). Eine Dokumentation i. A. des Instituts für Zeitgeschichte München–Berlin, München 2009.

Rauschenberger, Katharina: Recht schaffen und politisch handeln. Fritz Bauer und Henry Ormond – ein Vergleich, in: Dies. (Hrsg.): Rückkehr in Feindesland? Fritz Bauer in der deutsch-jüdischen Nachkriegsgeschichte, Frankfurt am Main 2013, S. 39-63.

Reitlinger, Gerald: Die Endlösung. Hitlers Versuch der Ausrottung der Juden Europas 1939-1945, ins Deutsche übertragen von J. W. Brügel, 4., durchgesehene und verbesserte Aufl., Berlin 1961 (englische Erstveröffentlichung 1953).

Renz, Werner: Fritz Bauer und das Versagen der Justiz. Nazi-Prozesse und ihre »Tragödie«, Hamburg 2015.

Richter, Ilka: SS-Elite vor Gericht. Die Todesurteile gegen Oswald Pohl und Otto Ohlendorf, Marburg 2011.

Rothlauf, Gertraud: Vom Schtetl zum Polarkreis. Juden und Judentum in der norwegischen Literatur (Diss.), Wien 2009.

Rückerl, Adalbert: Die Strafverfolgung von NS-Verbrechen 1945-1978. Eine Dokumentation, Heidelberg, Karlsruhe 1979.

– NS-Verbrechen vor Gericht. Versuch einer Vergangenheitsbewältigung, 2., überarb. Aufl., Heidelberg 1984 (zuerst 1982).

Rüß, Hartmut: Wer war verantwortlich für das Massaker von Babij Jar? in: Militärgeschichtliche Mitteilungen, 57 (1998), S. 483-508.

– Kiev/Babij Jar 1941, in: Gerd R. Ueberschär (Hrsg.): Orte des Grauens. Verbrechen im Zweiten Weltkrieg, Darmstadt 2003, S. 102-111.

Sabrow, Martin: Zeitenwenden in der Zeitgeschichte, Göttingen 2023.

Sandkühler, Thomas: »Endlösung« in Galizien. Der Judenmord in Ostpolen und die Rettungsinitiativen von Berthold Beitz 1941-1944, Bonn 1996.

Sands, Philippe: Rückkehr nach Lemberg. Über die Ursprünge von Genozid und Verbrechen gegen die Menschlichkeit. Eine persönliche Geschichte, Frankfurt am Main 2018 (englische Erstveröffentlichung 2016).

Schenk, Dieter: Die braunen Wurzeln des BKA, Frankfurt am Main 2003.

Schmidt, Johannes: Einführung zu den juristischen Erläuterungen, in:

Raphael Gross, Werner Renz (Hrsg.): Der Frankfurter Auschwitzprozess (1963-1965). Kommentierte Quellenedition, Frankfurt am Main, New York 2013, S. 91-104.

Schuster, Armin: Die Entnazifizierung in Hessen 1945-1954. Vergangenheitspolitik in der Nachkriegszeit, Wiesbaden 1999.

Seliger, Hubert: Politische Anwälte? Die Verteidiger der Nürnberger Prozesse, Baden-Baden 2016.

Shternshis, Anna: Soviet and Kosher: Jewish Popular Culture in the Soviet Union, 1923-1939, Bloomington/Indiana 2006.

Snyder, Timothy: Bloodlands. Europa zwischen Hitler und Stalin 1933-1945, 7. Aufl., München 2022 (US-amerikanische Erstveröffentlichung 2010).

Spector, Shmuel: The Holocaust of Volhynian Jews 1941-1944, Jerusalem 1990.

Steinbacher, Sybille: »… nichts weiter als Mord«. Der Gestapo-Chef von Auschwitz und die bundesdeutsche Nachkriegsjustiz, in: Dies., Norbert Frei, Bernd C. Wagner (Hrsg.): Ausbeutung, Vernichtung, Öffentlichkeit. Neue Studien zur nationalsozialistischen Lagerpolitik, München 2000, S. 265-298.

– Wie der Sex nach Deutschland kam. Der Kampf um Sittlichkeit und Anstand in der frühen Bundesrepublik, München 2011.

–, Dietmar Süß: »Zeitenwende« in der Geschichtspolitik? Die Ukraine, Russland und die Deutschen. 1990/91 bis heute. Einführung, in: Dies. (Hrsg.): Die Ukraine, Russland und die Deutschen. 1990/91 bis heute, Göttingen 2024, S. 9-19.

Stengel, Katharina: Die Überlebenden vor Gericht. Auschwitz-Häftlinge als Zeugen in NS-Prozessen, Göttingen 2022.

Streim, Alfred: Zum Beispiel: Die Verbrechen der Einsatzgruppen in der Sowjetunion, in: Adalbert Rückerl (Hrsg.): NS-Prozesse. Nach 25 Jahren Strafverfolgung: Möglichkeiten – Grenzen – Ergebnisse, Karlsruhe 1971, S. 65-106.

Tuchel, Johannes: Die NS-Prozesse als Materialgrundlage für die historische Forschung. Thesen zu Möglichkeiten und Grenzen interdisziplinärer Zusammenarbeit, in: Jürgen Weber, Peter Steinbach (Hrsg.): Vergangenheitsbewältigung durch Strafverfahren? NS-Prozesse in der Bundesrepublik Deutschland, München 1984, S. 134-144.

Ullrich, Christina: »Ich fühl' mich nicht als Mörder.« Die Integration von NS-Tätern in die Nachkriegsgesellschaft, Darmstadt 2011.

Vietzen, Walter: Kuno Friedrich Callsen: Vom Gründer des Itzehoer NS-Schülerbundes zum Massenmörder, in: Miriam J. Hoffmann, Vivian Vierkant (Hrsg.): »Heute marschieren wir alle geschlossen hinter dem Führer«. Itzehoe und der Kreis Steinburg 1933-1945, Itzehoe 2022, S. 183-199.

Vismann, Cornelia: Medien der Rechtsprechung, hrsg. von Alexandra Kemmerer und Markus Krajewski, Frankfurt am Main 2011.

Wagner, Patrick: Hitlers Kriminalisten. Die deutsche Kriminalpolizei und der Nationalsozialismus, München 2002.

Warburg, Justus R. G.: Die anwaltliche Praxis in Strafsachen, Stuttgart u. a. 1985.

Weigel, Sigrid: Zeugnis und Zeugenschaft, Klage und Anklage. Die Geste des Bezeugens in der Differenz von »identity politics«, juristischem und historiographischem Diskurs, in: Zeugnis und Zeugenschaft. Einstein-Forum Jahrbuch 1999, Berlin 2000, S. 111-135.

Weinke, Annette: Die Verfolgung von NS-Tätern im geteilten Deutschland. Vergangenheitsbewältigung 1949-1969 oder: Eine deutsch-deutsche Beziehungsgeschichte im Kalten Krieg, Paderborn u. a. 2002.

– Eine Gesellschaft ermittelt gegen sich selbst. Die Geschichte der Zentralen Stelle Ludwigsburg 1958-2008, Darmstadt 2008.

– Von der (Vor-)Ermittlungsbehörde zur »neuen« Täterforschung. Die Zentrale Stelle Ludwigsburg, in: Magnus Brechtken (Hrsg.): Aufarbeitung des Nationalsozialismus. Ein Kompendium, Göttingen 2021, S. 191-209.

Wendland, Anna Veronika: Befreiungskrieg. Nationsbildung und Gewalt in der Ukraine, Frankfurt am Main, New York 2023.

Westermann, Edward B: »Ordinary Drinkers« and Ordinary »Males«? Alcohol, Masculinity, and Atrocity in the Holocaust, in: Thomas Pegelow Kaplan, Jürgen Matthäus, Mark W. Hornburg (Hrsg.): Beyond »Ordinary Men«. Christopher Browning and Holocaust Historiography, Paderborn 2019, S. 30-42.

Wieviorka, Annette: Die Entstehung des Zeugen, in: Gary Smith (Hrsg.): Hannah Arendt Revisited: »Eichmann in Jerusalem« und die Folgen, Frankfurt am Main 2000, S. 136-159.

Wildt, Michael: Generation des Unbedingten. Das Führungskorps des Reichssicherheitshauptamtes, Hamburg 2003.

Wittmann, Rebecca: Telling the Story. Survivor Testimony and the Narration of the Frankfurt Auschwitz-Trial, in: Bulletin of the German Historical Institute, 32 (2003), S. 93-101.

– Beyond Justice. The Auschwitz Trial, Cambridge/Massachusetts, London 2005.

Wojak, Irmtrud: Die Verschmelzung von Geschichte und Kriminologie. Historische Gutachten im ersten Frankfurter Auschwitz-Prozeß, in: Norbert Frei, Dirk van Laak, Michael Stolleis (Hrsg.): Geschichte vor Gericht. Historiker, Richter und die Suche nach Gerechtigkeit, München 2000, S. 29-45.

– Fritz Bauer 1903-1968. Eine Biografie, München 2011.

Yablonka, Hanna: Die Bedeutung der Zeugenaussagen im Prozess gegen Adolf Eichmann, in: Martin Sabrow, Norbert Frei (Hrsg.): Die Geburt des Zeitzeugen nach 1945, Göttingen 2012, S. 176-198.

Zarusky, Jürgen: Timothy Snyders »Bloodlands«. Kritische Anmerkun-

gen zur Konstruktion einer Geschichtslandschaft, in: Vierteljahrshefte für Zeitgeschichte, 60 (2012), H. 1, S. 1-31.
– Sowjetische Opfer von Krieg und nationalsozialistischer Verfolgung in der bundesdeutschen Erinnerungskultur, in: Ders., Sybille Steinbacher (Hrsg.): Der deutsch-sowjetische Krieg 1941-1945. Geschichte und Erinnerung, Göttingen 2020, S. 14-36.

Online-Publikationen

Babyn Jar Holocaust Memorial, Names, https://babynyar.org/en/names (1.6.2024).
Hoppe, Bert: Kiew im Krieg (1937-1947). Eine integrierte Untersuchung zu Gewaltherrschaft, Besatzung und Judenverfolgung (Projektvorstellung), https://www.ifz-muenchen.de/forschung/ea/forschung/kiew-im-krieg-1937-1947-eine-integrierte-untersuchung-zu-gewaltherrschaft-besatzung-und-judenverfolgung (1.6.2024).
Proničeva, Dina: Zeugnis vor dem Sowjetischen Militärtribunal, Fall 1979, Kiew, 24.1.1946, Babyn Yar, Context. R13/Dina Pronicheva, https://www.youtube.com/watch?v=g42AvLG1s1E (1.6.2024).
Schenk, Dieter: Ein Herrenmensch, in: Ossietzky, (2009), H. 1, https://archiv.ossietzky.net/1-2009&textfile=471 (1.6.2024).

Filme

Jost, Wolfgang, Winfried Wallat, 204 AR-Z 269 / 60Y Die Protokolle (2012), https://www.youtube.com/watch?v=da_MYn1hAL0&t=2691s (1.6.2024).

PERSONENREGISTER

Alexejew, Nikolaj Sergejewtisch 90
Aschenauer, Rudolf 100, 102

Bauer, Fritz 9 f., 12 f., 15, 19, 75 f., 80 f., 90, 92, 100, 103, 114, 120 f., 124 f., 138, 144
Beckerle, Adolf Heinz 76
Biberstein, Ernst 59, 66
Blobel, Paul 8 f., 11, 19, 31 f., 36-40, 46, 49 ff., 53, 57, 59, 65, 67, 68 f., 84 f., 97, 116, 127, 137
Boger, Wilhelm 100
Bogucka, Vera 104-107, 140
Bormann, Martin 75
Boss, Artur 72 f.
Brauchitsch, Walther von 26
Brinkmann, Otto 59
Buchheim, Hans 11 f., 102 f.

Callsen, Irene 119
Callsen, Kuno 8-13, 16, 19 f., 32 f., 38, 51-58, 63-73, 76, 78 f., 83, 85 f., 88, 90, 92, 96 f., 99 ff., 103, 109-114, 116-120, 137 f., 140, 142 f.
Charuto, V. (russischer Staatsanwalt) 127
Christ, Oskar 78 f., 142
Consée, Oscar 69, 77, 100, 118

Dickopf, Paul 79

Eberhard, Kurt 37
Ehrenburg, Ilja 82
Eichmann, Adolf 75

Ferencz, Benjamin 45 f., 101 f.
Fertig, Hans 12 f., 100, 109-115, 140
Findeisen, Hans 77
Funk, Heinrich 84

Grossmann, Wassili 41, 81

Hans, Kurt 8, 32, 71 ff., 77, 84, 96, 100, 102, 117
Häfner, August 51, 64, 71 ff., 77, 84, 96, 100, 117, 120, 134 f.
Heim, Willi 49 f.
Heydrich, Reinhard 25 f., 28, 40, 93 f., 139
Hilberg, Raul 16, 81
Himmler, Heinrich 24 f., 32, 93 f., 139
Hitler, Adolf 24 f., 93 f., 139
Höfer, Fritz 69 f.
Huhn, Heinrich 69, 77, 100, 117

Janssen, Adolf 8, 32, 64, 71 ff., 77, 84, 100, 118, 125, 127

Jeckeln, Friedrich 7, 29, 37
Jewtuschenko, Jewgeni 124
Just-Dahlmann, Barbara 79 f.

Keitel, Wilhelm 25
Kraege, Gustav 69
Krausnick, Helmut 11 f., 15 f., 82, 102 f.
Kuznecov, Anatolij 89

Langbein, Hermann 130
Lauer, Anton 87 f.
Lauterpacht, Hersch 48
Lemkin, Raphaël 48

McCloy, John J. 51, 59
Mathisek (Sk 4a-Angehöriger) 72
Mengele, Josef 75
Meyer, Konrad 24
Musmanno, Michael A. 50
Müller (Sk 4a-Angehöriger) 72 f., 84

Nebe, Arthur 27
Nellmann, Erich 62

Ohlendorf, Otto 27, 45 ff., 50, 65, 100
Ott, Adolf 59, 66

Panning, Gerhart 36
Paquet, Vinzenz 9, 97, 99, 102, 125
Pfarrkircher, Georg 100, 118
Polonska-Morhun, Natalia 89
Praschrifka, Dr. (Rechtsanwalt) 107
Proničeva, Dina 38 f., 90 f., 104 ff., 140

Radetzky, Waldemar von 46, 50 f., 53, 64, 66, 69, 84
Rasch, Otto 27, 33, 47, 49, 64 f.
Reichenau, Walter von 35, 49
Reitlinger, Gerald 16, 65, 81, 93
Riesle, Alexander 100, 118
Rosen, Wladimir 127
Rückerl, Adalbert 17

Sandberger, Martin 59, 66
Schmidt-Schütte, Friedrich 73
Schulte, Christian 100, 118
Schüle, Erwin 61 f.
Seraphim, Hans-Günther 103
Shabecoff, Philip 129
Stahlecker, Walter 27
Stalin, Josef 23
Steinacker, Fritz 125 f.
Stolting (II), Hermann 100
Streckenbach, Bruno 31, 33
Streim, Alfred 17

Taylor, Telford 45
Thomas, Max 27

Trill, Viktor 64, 70, 77, 86, 88, 96, 100, 118, 120

Uhse, Bernd 76, 100, 129

Vogel, Georg Friedrich 76, 100

Wagner, Heinrich 76, 88, 90, 99
Weickert, Hans-Günther 132 ff.
Werner, Kurt Willi 84 ff., 88
Woithon, Victor 73, 77, 96, 100, 118

DANK

Dieses Buch ist die leicht überarbeitete Fassung meiner Masterarbeit, die ich im Februar 2023 am Historischen Seminar der Goethe-Universität Frankfurt am Main einreichte. Die Arbeit wurde 2024 mit dem Stanislav-Zámečník-Studienpreis des Comité International de Dachau prämiert. Ich danke dem Comité International de Dachau herzlich für diese Auszeichnung.

Mein herzlicher Dank gilt zudem der Betreuerin meiner Arbeit, der Direktorin des Fritz Bauer Instituts Frankfurt am Main, Prof. Dr. Sybille Steinbacher, die mich mit Rat und Tat begleitete und dazu einlud, meine Studie in der »Kleinen Reihe« des Instituts zu veröffentlichen. Prof. Dr. Christoph Cornelißen danke ich für das Zweitgutachten zu meiner Arbeit.

Ein Druckkostenzuschuss des Fritz Bauer Instituts sowie ein Projektkostenzuschuss der Stiftung Zeitlehren ermöglichten die Publikation dieser Studie; auch ihnen gebührt mein herzlicher Dank. Außerdem möchte ich mich an dieser Stelle bei der Studienstiftung des deutschen Volkes für die langjährige Unterstützung meines Studiums bedanken.

Mein Dank gilt ferner den Archivarinnen und Archivaren des Hessischen Hauptstaatsarchivs Wiesbaden und des Hessischen Staatsarchivs Darmstadt sowie dem Archivar des Fritz Bauer Instituts, Johannes Beermann-Schön, M.A., M.A., die mir einen unkomplizierten Zugriff auf ihre Quellenbestände und bestmögliche Arbeitsbedingungen ermöglichten. Dr. Andrea Kirchner, der Lektorin des Fritz Bauer Instituts, danke ich für die sorgfältige und geduldige Begleitung dieser Publikation, Hajo Gevers für die Betreuung im Wallstein Verlag und Christoph Roolf für das gründliche Korrektorat.

Nicht zuletzt möchte ich von Herzen meiner Familie, meinem Sohn und seiner Mutter, meinen Eltern und Geschwistern, meinem geliebten Partner und meinen Freundinnen und Freunden für ihre treue Unterstützung, ihre Anregungen und

Ablenkungen danken. Mein besonderer Dank gebührt meinen Großeltern, Dr. Wiltrud Döpp und Dr. Horst Dieter Vohmann, die mir stets den Rücken freihalten – ihnen ist dieses Buch gewidmet.

Joscha Döpp
Frankfurt am Main, im Frühjahr 2024